기록 · 기록관리 지식정보원 시리즈 ①

기록관련 국제기구
지식정보원

기록·기록관리 지식정보원 시리즈①

기록관련 국제기구
지식정보원

노영희·한미경 공저

국제기구란 회원국들의 공통된 이익을 추구할 목적으로 셋 이상의 주권국가들
간에 협정에 의하여 창설된 것으로서, 기구 내에 특별한 기능을 수행하기
위한 특정 기관을 지닌 공식적이고 계속적인 조직체이다. 본서는 기록관련
국제기구 중 비교적 규모가 큰 기구를 중심으로 총 40개를 선정하여
기구 소개 외에 생산 및 소장 정보원에 대하여 조사하였다.

한국학술정보㈜

머리말

기록의 역사는 인류의 역사와 함께한다. 기관이나 개인의 업무수행이나 활동 진행과정에서 생산 또는 형성된 기록을 수집하여 체계적으로 관리함으로써 과거를 오늘에 있게 하고 미래로의 전진을 가능케 한다. 종이에 기록되고 인쇄의 발명과 더불어 시공을 초월하여 유통되었고, 이제는 종이와 전자매체뿐만 아니라 웹상에 기록되어 전 세계에서 실시간으로 이용되기에 이르렀다.

2006년 공중파 방송의 한 프로그램을 통하여 진주대첩 영웅으로 널리 알려진 김시민 장군과 2007년 8월 처음으로 공개되는 이순신 장군의 '선무공신교서'들은 당시 역사의 산 증거이자 오늘의 우리를 있게 하는 중요기록이기도 하다. 한편 기존의 역사적 사건이나 이에 대한 주장이나 학설과 관련한 새로운 기록이 발견되면서 인류의 문화나 문명과 관련된 중요 내용이 반전 또는 역전되기도 한다. 이처럼 기록은 작지만 그 가치와 영향력은 가히 무한하다 할 수 있다.

기록은 기록되면서부터 어떠한 방식으로든 관리되었다고 할 수 있다. 다만 근대적인 기록의 관리는 1789년 프랑스혁명의 발발로 시작되었고, 현대적인 기록관리는 1920년 미국의 '국립기록관(National Archives) 설치법안' 통과와 제1차 세계대전 이후 공공기록물관리에 주력하면서 시작되었다. 유구한 기록의 역사를 지닌 우리나라의 현대적인 기록관리는 1999년 '공공기록물관리에관한법률'이 제정되면서 본격화되었다. 현재 각종 기록관리관련 법률이 제정되고, 지방기록물관리기관 즉 시도기록관의 설립이 본격화되고 있으며, 민간기록물의 집중적인 수집과 관리가 계획·진행되고 있다. 따라서 전문적인 각종 기록관에서의 실무와 교육기관에서의 기록전문가 교육을 위하여 기록 및 기록관리 관련 각종 지식정보원에 대한 조사와 연구의 필요성이 대두되고 있다.

이러한 필요성에 따라 기획된 '기록·기록관리 지식정보원 시리즈'는 기록관련 세계의 기구 및 단체, 다양한 기록류, 그리고 각종 관련 정보와 정보원을 포괄적으로 조사한 것이며, 발간 목적과 조사방법 및 내용 등은 다음과 같다.

첫째, 기록 및 기록관리학에 관심이 있는 일반인과 학생들, 그리고 실무종사자에게 유용한 기록 및 기록관리 관련 지식정보원 제공을 목적으로 하였다.

둘째, 조사내용은 관련 기구·기관·기록관의 안내서와 보고서, 홈페이지, 홍보자료, 연감(yearbook), 통계자료 등을 통하여 수집하였다. 일부 필요한 경우 전화나 전자우편을 통한 의뢰와 상담을 통하여 보충 조사하였다.

셋째, 기록 및 기록관리 관련 기구, 기관, 단체, 그리고 기록관을 대상으로 조사하였다. 관련 정보는 성격, 목적, 연혁, 특성, 기능, 주요사업과 최근사업, 한국과의 관계 등을 대상으로 하였다.

넷째, 기록 및 기록관리 관련 기구, 기관, 단체, 그리고 기록관에서 생산 또는 제공하는 정보원에 대하여 조사하였다. 관련 정보원은 출판물(publications) 및 문서류(documentations), 정기간행물, 보고 및 보도자료, 데이터베이스 등을 대상으로 하였다.

끝으로 이 책을 출판하기까지 정보자료 수집 및 편집 등에 정성과 노고를 아끼지 않은 영국맨체스터대학(Univ. of Manchester, UK) 박사과정의 임소진 연구원과 건국대학교 문헌정보학과 정미숙 연구보조원에게 지면을 빌려 감사드린다.

2008. 1. 1.
노영희·한미경

일러두기

1. 기구의 선정

기록관련 국제기구는 50~60여 개로 조사되었으며, 본서에서는 규모가 크지 않거나 제삼언어 기반의 국제기구를 제외한 비교적 규모가 큰 기구를 중심으로 총 40개를 선정하여 수록하였다.

2. 기구의 종류

기록 및 기록관리, 그리고 세계기록유산 관련 국제기구 외에 기록보존과 시청각(A-V) 기록 분야 등의 국제기구를 대상으로 하였다. 그리고 국제적 수준의 국가기관, 연구기관, 교육기관, 비영리단체도 포함하였으며, 국제적 수준의 프로그램과 사업 등도 대상으로 하였다.

3. 기구의 범위

국제연합교육과학문화기구(UNESCO)의 세계 지역 구분을 참조하면 (1) 북미, (2) 유럽, (3) 남미 및 카리브 해, (4) 아프리카, (5) 아시아 및 태평양 등으로 구분한다. 본서는 이에 준하되 북미, 유럽, 아시아 및 태평양 지역의 국제기구를 주로 조사하였다. 기타 지역의 기구는 대부분 제삼언어로 정보와 정보원이 제공되므로 제외하되, 일부 중요 국제기구의 경우는 포함하였다.

4. 수록 내용

본서는 기록관련 국제기구와 국제기구에서 생산, 소장, 제공되는 정보원에 대한 내용을 수록하고 있다. 기구에 따라 해당되지 않는 항목의 내용은 생략하였으며, 일부 기구만의 특징적인 내용은 항목을 추가하여 수록하였다.

첫째, 국제기구 관련 내용은 (1) 소재사항(주소, 전화, 팩스, 전자우편, 홈페이지 등), (2) 기구의 성격, (3) 기구의 설립연혁, (4) 기구의 설립목적, (5) 기구의 운영지침, (6) 기구의 조직, (7) 총회, (8) 회원, (9) 기구의 주요활동, (10) 기구의 주요사업, (11) 기구의 최근사업, (12) 프로그램, (13) 프로젝트, (14) 기구의 특별서비스, (15) 기구의 훈련 및 교육프로그램, (16) 기구 관련 기관 또는 단체, (17) 기구 협력기관, (18) 기구 관련 기념일, (19) 기구 관련 기념상, (20) 한국과의 관계, (21) 북한과의 관계 등을 수록하였다.

둘째, 국제기구의 생산, 소장 및 제공 정보원 관련 내용은 (1) 정보배포정책, (2) 정보원 주문 정보, (3) 정보원 종류, (4) 정보원의 주제분야, (5) 제공서비스, (6) 출판물, (7) 문서류, (8) 간행물, (9) 데이터베이스, (9) CD‑ROMS, (10) 소책자, (11) 보고자료, (12) 보도자료, (13) 산하 도서관과 기록관, (14) 관련 정보원제공 전문단체, (15) 링크 정보원 등을 수록하였다. 일부 제공 정보원의 언어가 영어가 아닌 특정언어의 경우 해당 제공언어를 특기하였다.

한편, 각 기록관련 국제기구의 수록순서의 기준은 영문약어의 알파벳순으로 하였으며, 각각의 마크 또한 수록하였다.

5. 약어표 및 색인

본서는 독자의 이해를 돕기 위하여 약어표와 색인을 수록하였다. 이해의 편의를 위하여 약어표는 본서 수록대상의 국제기구에 대한 약어로서 권두부분에 실었으며, 색인은 국제기구에 대한 국문색인과 영문색인으로 구분하여 권말부분에 수록하였다.

약어표

ACARM	Association of Commonwealth Archivists and Records Managers
	영연방기록전문가와기록물관리자협회
AIAF	Association Internationale des Archives Francophones
	프랑스어권국가의국제기록전문가협회
ARMA International	
	Association of Records Managers and Administrators, International
	국제기록관리자및행정가협회
ARMS	UN Archives and Records Management Section
	유엔기록관리부
ARSC	Association for Recorded Sound Collections
	음향기록컬렉션협회
AsF	Archivists without Borders
	국경없는기록전문가
BAAC	Baltic Audiovisual Archival Council
	발트해연안국시청각기록협의회
CE-LAD	Council of Europe, Library and Archives Division
	유럽의회도서관·기록국
EBLIDA	European Bureau of Library, Information and Documentation Association
	도서관·정보·도큐멘테이션협회유럽지부
ECPA	European Commission on Preservation and Access
	유럽기록보존및접근위원회
GA	General Assembly
	유엔총회
IADA	International Association of Book and Paper Conservators
	국제서적및문서보존가협회
IAMIC	International Association of Music Information Centers
	국제음악정보센터협회

IAML	International Association of Music Libraries, Archives and Documentation Center 세계음악도서관 · 기록관및도큐멘테이션센터협회
IASA	International Association of Sound and Audiovisual Archives 국제음향및시청각기록관협회
ICA	International Council on Archives 국제아카이브스협의회
ICBS	International Committee of the Blue Shield 국제블루실드위원회
ICCROM	The International Center for the Study of the Preservation and Restoration of Cultural Property 세계문화유산보존및복구연구센터
ICOMOS	International Council on Monuments and Sites 세계유물및유적지협의회
ICRM	Institute of Certified Recirds Managers 기록관리사인증기구
IDA	Informieren Dokumentieren Archivieren 여성도서관 · 기록관 · 도큐멘테이션센터기구
IFFA/FIAF	International Federation of Film Archives 국제영상기록연맹
IFHRO	International Federation of Health Record Organization 국제건강기록기구연맹
IFLA	International Federation of Library Associations and Institutions 국제도서관협회연맹
IFTA/FITA	International Federation of Television Archives 국제텔레비전기록연맹
IIC	International Institute for Conservation of Historic and Artistic Works 국제역사작품및미술작품보존협회
ILAB	International League of Antiquarian Booksellers 국제고서적상리그
IRMT	International Records Management Trust 국제기록관리신탁

JICPA	Joint IFLA/ICA Committee for Preservation in Africa
	아프리카기록보존IFLA/ICA합동위원회
OSA	The Open Society Archives
	개방사회기록관
PAC	International Federation of Library Associations Core Programme for Preservation and Conservation
	IFLA보존과유지를위한핵심프로그램
PARBICA	Pacific Regional Branch International Council on Archives
	국제아카이브스협의회태평양지역위원회
PIAF	Portail International Archivistique Francophone
	프랑스어권국가의국제기록전문가포털
SOLINET	Southeastern Library Network, INC
	미국남동부도서관네트워크
UN Documentation Centre	
	유엔도큐멘테이션센터
UNESCO Archives	
	유네스코기록관
UNESCO MOW	UNESCO Memory of the World
	유네스코세계기록유산
UNESCO MOWCAP	
	UNESCO Memory of the World Committee for Asia/Pacific
	유네스코아시아 · 태평양세계기록위원회
WBGA	The World Bank Group Archives
	세계은행기록관
WITNESS	위트니스

목 차

Ⅰ. 기록 및 기록관리의 이해

인류는 원시시대 상호간의 의사소통을 위한 수단으로 소리(voice)와 몸짓(gesture)을 사용하다가 문명의 발달과 더불어 언어(languages)를 탄생시켰다. 그러나 언어는 한정된 시간적·공간적 범위와 불완전한 인간의 기억력에 의존하여야 지속·유지될 수 있었고, 전달하고자 하는 내용의 보존 역시 극히 제한적이었다. 사회가 발달하고 커뮤니케이션의 양과 질이 확대되면서 인류에게 문자가 형성되고, 상호 의사소통의 내용이 기록되기 시작하였다.

진정한 기록은 기록재료와 기록방법의 변천에 의하여 완성되었다. 기록재료의 대명사인 종이는 A.D. 105년에 중국에서 만들어졌고, 서양에는 12세기에 이르기까지 점차적으로 전파되면서 전세계적으로 사용되었다. 기록은 실제 인쇄술이 발명되어 기록물이 대량으로 생산·유통되기 전까지 오랜 기간 필사되어 왔으며, 현대에는 다양한 매체의 발전으로 종이기록 외에 시청각기록, 전자기록, 그리고 웹기록 등에 이르기까지 발전하고 있다.

본장에서는 기록 및 기록관리의 이해를 위하여 기록, 기록관, 기록전문가, 그리고 기록관리에 대하여 살펴보고자 한다.

1. 기   록

1.1 기록의 정의

「문헌정보학용어사전」에 의하면 '기록(record)은 사용매체나 특성에 관계없이 영구히 보존되어야 할 문헌을 말하며, 목록이나 기입의 기준이 되는 문헌에 관한 데이터'라고 정의되어 있다. 「기록관리학사전」에서는 '매체나 특성에 상관없이 기록된 정보(recorded information)'라고 하여, 문서와 도서를 포함한 모든 기록물(records)을 지칭하고 있다. 즉 기록은 모든 매체에 관계없이 인간이 표현한 데이터의 총칭이라 할 수 있다.

기록은 인간만이 가지는 고유한 특성으로서 정부, 공공기관, 민간기관, 단체 그리고 개인 어느 곳에서든 생산·형성된다.[1) 이 중에는 생산되자마자 즉시 소멸되는 것이 있고,

잠재적 또는 영구적 보존 가치가 있어 보존되는 것도 있다. 이 중 보존가치가 있는 자료를 '아카이브스(archives)'라고 한다. 그리고 기록 중에서 일정한 형식이나 주제로 모아 일정한 분량으로 인쇄하여 출판한 것을 '출판물(publications)' 또는 '도서(books)'라고 한다. 이러한 출판물의 일차자료가 되면서 유일성을 띤 원본을 '도큐먼트(documents)'라고 하며, 광의로는 '레코드(records)'라고 한다(최정태 2006, 22 - 29).

아카이브스(archives)는 그리스어의 'archeion'에서 파생된 말인데, '궁전(宮殿)', '정부(政府)의 집'을 뜻하고 '그 속에 보관된 기록물' 자체를 겸해서 쓰기도 한다. 아카이브스는 '업무수행에서 생산·수집된 레코드가 기록의 일생주기(the life cycle of record)에 따라 이용된 후 보존가치가 존속되는 기록'이다. 따라서 레코드와 아카이브스는 보존가치 측면에서 차이가 있음을 알 수 있다.

아카이브스를 한국과 일본에서는 '고문서(古文書)' 또는 '사료(史料)' 등과 혼동하여 사용하는 경향이 있다. 그러나 일반적으로 고문서는 일정시대(日政時代) 이전에 생산된 것으로 시간적 개념이 작용한 것임에 반해, 아카이브스는 최근의 자료를 포함하여 평가기준에 의해 보존가치가 있는 기록을 의미한다(김용원 2000). 중국에서는 기록을 '당안(檔案, dǎngàn)'이라 한다. 이는 '檔'과 '案'의 결합어로서 '檔'은 문서를 뜻하고, '案'은 관청의 서류나 훈령 또는 판결과 결정문을 뜻한다. 이는 현재 '관공서의 기록이나 공문서' 및 '영구히 보존하는 관공서의 문서군(文書群)'을 뜻한다. 이를 보존하는 기관을 '당안관(檔案館)'이라고 한다. 한편, 일본은 1987년 제정된 공문서관법에 의하면 공문서는 아카이브스로 간주하였으며, 동시에 아카이브스를 보관하는 기관을 '문서관' 또는 '사료관'이라 부르고, 여기에 소장하는 자료를 '기록사료'라고 부른다. 이와 같이 일본은 레코드는 현대문서를 포함한 총괄적 기록을 말하고, 아카이브스는 공문서 내지 사료로 한정한다.

따라서 광의의 기록물 중에서 생산 시기나 생산출처에 관계없이 보존가치가 있는 기록을 '아카이브스(archives)'라고 하며, 동시에 이러한 기록을 보존하는 기관 또는 시설 역시 '아카이브스(archives)'라고 명명하고 있다.

---

1) 참고로 2007년 1월 19일 제정된 '공공기관의운영에관한법률(법률 제8258호)'에 의하면 모든 공공기관은 그 특성에 맞춰 공기업, 준 정부기관 및 기타 공공기관으로 구분된다.

1.2 기록의 특성

기록은 각종 기관이나 단체 및 개인의 일상적인 업무수행이나 활동에서 생산되고 축적된다. 이를 기본으로 김태수(2002, 8‒9)의 기록의 특성과 관리상의 원칙을 참조하고, 보다 구체적으로 살펴본 기록의 특성은 다음과 같다.

첫째, 기록은 생산기관의 업무 및 활동과 관련되어 있다. 특정 기관의 기록은 그 기관의 직접적인 업무 및 활동과 관련하여 생산·수집되고 축적되며, 기관의 정책과 기능 및 대외관계를 반영한다. 이는 기록관리의 중요 원칙 중 하나인 '출처(provenance)존중의 원칙'에 입각한 것으로서, 특정 기관의 기록은 다른 기관의 기록과는 구별되어 관리되어야 함을 의미한다.

둘째, 기록은 유기적인 성질을 지니고 있다. 기관이나 개인의 대외관계가 활발해짐에 따라 기록의 양도 자연스럽게 증가된다. 개개의 기록은 기존의 기록과 관련되거나 그 결과일 수도 있고, 기존의 기록은 후속 기록에 의해 그 내용이 보완되기도 한다. 그런데 기존 기록의 조직이나 배열체계를 달리하게 되면 기록 상호간의 연결이 단절되거나 연관성이 약해질 수 있다. 따라서 '원질서(original order)존중의 원칙'에 따라 기록의 관리는 단위업무별로 그리고 기록물군(퐁, fonds)별로 관리하는 것이 필요하다.

셋째, 기록은 공적인 성격을 지닌다. 기록은 기관이나 개인 활동의 산물로서 법률상의 효력을 지니며, 특히 업무수행의 정당한 근거로서 효력을 지니게 된다. 따라서 기록은 부정한 수단이 개입되거나 비인가자가 접근할 수 없도록 생산자와 기록전문가에 의하여 관리되어야 한다.

넷째, 기록은 고유한 성격을 지니고 있다. 문화나 교육 목적상 대량으로 생산되는 도서와 같은 출판물과 달리, 기록은 특정 기관의 특정 업무 또는 활동과 관련되어 생산된다. 도서가 손상되면 다른 복본으로 대체 가능하지만, 기록은 손상되면 그 원내용의 회복과 대체가 어렵다. 따라서 기록의 내용과 가치를 온전하게 유지하고, 특정 업무 또는 활동의 계획 및 기록 생산단계에서부터 체계적으로 수집 및 이용되도록 관리하여 기록이 지닌 고유성을 유지하는 것이 필요하다.

1.3 기록의 종류

기록물은 생산시기와 내재적 가치에 따라 참조 및 이용의 빈도가 차이가 발생한다. 이를 반영해 기록물의 종류는 현용기록(current record), 준현용기록(semi‐current record), 비현용기록(non‐current record)의 세 단계로 구분된다. 현용기록은 최신자료로서 참조 및 이용의 빈도가 높은 기록을 의미하고, 비현용기록은 오래되어 거의 참조 및 이용되지는 않으나 영구보존가치가 있는 기록을 의미한다. 준현용기록은 그 중간단계에 있는 기록으로 일정기간 내에 잠재적 참조 및 이용의 가능성이 내재되어 있는 기록을 의미한다. 또한 기록물이 활용되는 빈도수에 따라 활용기록(active record), 준활용기록(semi‐active record), 비활용기록(non‐active record)의 세 종류로 구분하기도 한다. 이 경우 그 의미는 생산시기 및 내재적 가치에 따른 구분의 개념과 유사하다.

그리고 문서를 생산하는 기관의 성격에 따라 공문서(公文書)와 사문서(私文書)로 구분하기도 한다. 사무관리규정(대통령령 제13390호, 1991년 제정) 제2조 적용범위와 제3조 정의에 명시된 '공문서'를 살펴보면, '대통령직속기관 및 국무총리직속기관을 포함한 중앙행정기관 및 그 소속기관, 지방자치단체의 기관과 군 기관의 내부 또는 상호간이나 대외적으로 공무상 작성 또는 시행되는 문서(도면, 사진, 디스크, 테이프, 필름, 슬라이드, 전자문서 등의 특수매체기록 포함) 및 행정기관이 접수한 모든 문서'를 말한다.

1.4 기록의 일생주기

기록의 탄생으로 볼 수 있는 생산에서부터 영구보존 또는 폐기까지의 기록의 흐름을 '기록의 일생주기(the life cycle of records)'라고 한다. 이는 미국의 초기 기록전문가들에 의해 제기된 개념으로 다음 <그림 1>과 같이 세 단계로 구분된다(최정태 2006, 83‐84).

〈그림 1〉 기록의 일생주기

요컨대 기록의 일생주기는 생산되고, 관리되고, 그리고 폐기되거나 보존되는 단계로 순환되는 과정이라고 할 수 있다.

1.5 기록의 가치

20세기 중반 미국의 기록보존학자이자 기록전문가였던 쉘렌버그(T. R. Schellenberg)는 기록의 가치를 주시하였다. 그는 기록의 가치를 일차적 가치(primary value)와 이차적 가치(secondary value)로 구분하였다(최정태 2006, 40 – 42). '일차적 가치'는 주로 당사자나 동등의 이해관계를 가지는 사람에게 해당되는 가치로서 내재적 가치이기도 하다. 이는 조직의 법률실무 혹은 재무에 한정되므로 법률적·행정적·재정적 가치를 포함한다. '이차적 가치'는 당사자 간의 가치는 이미 소멸되었으나 제삼자를 위한 공익적 이용에 제공되는 가치로서 보존적 가치이기도 하다. 이는 사실의 확인을 증빙하기 때문에 증거적 가치를 지니며, 그것이 여러 가지 다른 정보로 활용될 수 있기 때문에 정보적 가치도 지니고 있다.

기록은 기관 또는 개인의 업무수행 및 활동과 관련하여 생산되며 내재된 정보의 일차자료로서의 가치는 매우 크다. 특히 공공기록은 공공기관의 업무에 직·간접적으로 영향을 미치는 근거이자 정보원이다. 공공기관 업무와 관련하여 살펴본 기록의 가치는 다음과 같다.

첫째, 정보의 전달. 기록은 의사전달의 수단으로서 육성(肉聲)보다 영속적이고 가시적이므로 분명한 정보전달의 역할을 수행한다. 이는 정보가 기록됨으로써 시공을 초월하여 전달되기 때문이다.

둘째, 정보저장의 수단. 기록은 인간의 기억보다 영구적이며 시공을 넘어 전달되는 특징을 지닌다. 따라서 기록은 정보저장의 확실한 수단이 된다.

셋째, 공공기관 등에서의 업무수행의 수단. 각종 기관에서의 업무수행은 기록을 생성시키며, 한편 기록을 활용하여 업무가 수행된다. 즉 기록은 수행할 업무의 근거가 된다.

넷째, 공공기관 등에서의 업무수행 증명의 수단. 기록은 체계적으로 보존·관리됨으로서 이후 업무수행 과정과 결과를 증명하는 자료가 된다.

다섯째, 역사와 문화 전승의 수단. 기록은 역사적 정보자료이며, 문화 전승의 수단이다. 기록을 통하여 역사와 문화가 후대로 전승되며, 기록을 통하여 국가 실체의 정당성과 민족문화의 주체성을 확립할 수 있기 때문이다.

이상을 종합적으로 살펴본 포괄적인 기록의 가치는 다음과 같다.

첫째, 정보적 가치. 기관이나 개인의 업무수행과 활동전개의 필요에 의하여 생산 또는 형성된 기록은 실제 업무나 활동에 필요한 다양한 사실적·현상적 정보를 제공하는 가치를 지닌다.

둘째, 행정적 가치. 정부를 비롯한 공공기관에서 일반 국민이나 기관 등의 인사, 경영, 재정 등의 행정업무를 처리하는 과정에서 생산 또는 접수된 기록물은 행정적 기록으로서의 가치를 지닌다.

셋째, 법률적 가치. 개인 또는 기관의 법적 권리, 가족 재산 세무 등 각종 이해관계에 관한 기록은 법률적 가치를 지닌다. 특히 법률적 견해나 해석을 포함한 기록물, 법적 행위와 관련된 기록물, 재산소유나 법적 의무 등에 증거가 되는 기록물은 영구보존의 가치와 기능을 지닌다.

넷째, 증거적 가치. 특히 기관의 업무 및 활동이 수행 중에 있거나 종료되었을 때 지속적 수행 또는 이후 관련업무에 대한 증거로서의 가치를 지닌다.

다섯째, 역사적 가치. 영구보존 가치가 있는 모든 기록물들은 기록물관리기관에서 수집, 보존, 관리됨으로서 각 주제분야의 역사 정립의 기초가 되는 가치를 지닌다.

여섯째, 문화적 가치. 상술한 기록의 역할과 가치에 의거하여 수집·관리된 기록의 활용 및 보존으로 해당 국민이나 지방 및 국가의 고유한 문화가 대변 또는 성립되는 가치를 지닌다.

일곱째, 연구적 가치. 기록물은 각 주제별로 학습·연구하는 연구자와 학자에 의하여 끊임없이 이용·활용·분석될 수 있는 연구적 가치를 지니고 있다.

2. 기록관리

2.1 기록관리의 의미

기록관리란 전반적인 기록업무에 관한 프로그램을 만들어 감독 또는 관리하는 것이다. 공공기록물관리에관한법률 제2조에 의하면 기록물관리는 '기록물의 생산·분류·정리·이관·수집·평가·폐기·보존·공개·활용 및 이에 부수되는 제반업무'를 말한다. 요컨대 기록관리란 기록을 적법하고 적절하게 생산·관리하여 효율적으로 사용하고 불필요한 기록을 폐기하고, 장기보존 또는 영구보존가치가 있는 기록을 보존하여 쉽게 검색하고 활용할 수 있게 하는 일을 말한다.

우리나라의 공공기록물을 대상으로 하는 기록관리를 단계별로 보면, 업무수행 일선의 처리과에서부터 기록관리기구인 자료관(또는 기록관)을 거쳐 기록물 영구보존기관까지로 구분된다.

첫째, 기초 단계. 처리과에서는 해당 공공기관의 기록을 효율적으로 생산하고 이용토록하기 위한 목적으로 기록을 관리하며, 현행업무를 수행하는 중의 현용기록을 대상으로 관리한다. 이를 위하여 기록물을 적절하게 등록·분류 및 편철하여야 하고 쉽게 찾을 수 있도록 한다.

둘째, 중간 단계. 자료관(또는 기록관)은 기록물관리 업무의 전담기구로서 해당 공공기관 기록물을 수집·보존·활용토록 하고, 전문관리기관으로의 기록물 이관 및 전문관리기관과의 협조에 의한 기록물의 상호활용 및 보존을 분담한다. 그리고 해당 공공기관의 기록물에 대한 정보공개청구의 접수 등 기록물관리 업무를 전담한다. 기록정보센터라는 기능 수행기관으로서 공무수행관련 각종 기록물을 관리하고, 기록정보를 신속하게 검색·활용하도록 함으로서 전자정부의 구현 및 행정의 경쟁력 강화에 기여하는 역할을 담당한다. 해당 기관의 기록관리 정책 및 업무절차를 수립하여야 하고, 기록의 지적·물리적 통제 및 기록물의 물리적 보호환경을 구축하여 기록물관리에 최선을 다해야 한다. 마지막으로 기록물의 보존기간 책정 지원, 보존가치의 잠정적 평가, 기관의 일반적인 기록관리 교육과 같은 핵심적인 업무 또한 수행한다.

셋째, 최종 단계. 최종의 전문기록물관리기관으로 중앙기록물관리기관과 지방기록물
관리기관이 있다. 그 중 특히 중앙기록물관리기관인 국가기록원은 책임행정과 투명한
정부정책을 실현하기 위해 기록물의 생산과 관리에 관한 기본 정책을 결정하고 제도를
확립한다. 증빙기록물과 역사기록물을 항구적으로 보존하며, 영구기록을 정리하여 목록
을 작성하고 열람·활용할 수 있게 준비하여 국민에게 필요한 정보를 제공한다. 그 외
일선 조직이나 기관에서 영구적으로 보존할 기록을 수집하거나 이관받아 정리하여 보
존한다. 기록관리 기술 및 기법을 연구하고 표준화하여 이를 보급한다. 공공기관의 업
무수행과 관련하여 생산되고 국가적으로 보존할 가치가 높은 민간보유 기록물을 국가
기록물로 지정·관리하여 민간보유 중요기록물의 훼손·멸실 방지와 공적 가치가 있는
기록물을 보존한다. 그리고 공공기관의 기록물관리 추진실적을 종합평가하여 우수기관
및 유공공무원을 표창하여, 기록물관리 제도의 조기정착과 업무종사자들의 관심과 사
기를 진작한다.

이상을 종합하면 기록물은 기록의 단계별 흐름 또는 일생주기에 의한 현용, 준현용,
비현용 단계에 따라 처리과, 기록관 또는 특수기록관, 중앙기록물관리기관과 지방기록
물관리기관의 전문기록물관리기관 등에서 단계별로 처리·관리된다.

2.2 기록관리의 원칙

전통적 기록관리는 다음과 같은 원칙을 기본으로 한다.

첫째, 출처존중의 원칙(principle of provenance). 이는 1820년대 프랑스 국립기록관
(National Archives)에서 만들어졌으며, 기록물은 소장자보다 생산자가 더 중요하므로
기본적으로 기록물과 생산자와의 관계를 중시하는 원칙이다. 이는 단행본의 경우처럼
어느 한 개인이나 기관보다는 기록물생산자를 기준으로 관리하여 다른 생산자의 기록
물과 섞이지 않도록 관리한다는 의미로서 기록물 자체 뿐 만 아니라 기록물 생산자에
대한 정보도 함께 보존·관리한다.

둘째, 원질서존중의 원칙(principal of original order). 생산기관이 공식 활동을 수행하
는 과정에서 기록을 축적한 순서와 질서를 그대로 유지한다는 원칙이다. 이는 출처존

중의 원칙을 바탕으로 하고 있으며, 특정한 기록물 계열들 사이의 상관관계 및 전체 기록물철의 기본 구조를 보존하여 관리한다.

한편 공공기록물관리에관한법률 제5조 '기록물관리의 원칙'에 의하면 공공기관 및 기록물관리기관의 장은 기록물이 생산부터 활용까지의 전 과정에 걸쳐 1) 진본성, 2) 무결성, 3) 신뢰성, 4) 이용 가능성이 보장될 수 있도록 관리하여야 한다. 진본성(authenticity)은 기록이 그 취지와 맞는지, 그 기록을 생산하거나 보내기로 되어 있는 사람에 의해 생산되거나 보내졌는지, 명시된 시점에서 생산되거나 보내졌는지를 증명할 수 있는 것을 말한다. 신뢰성(reliability)은 기록의 내용이 업무처리·활동 혹은 사실을 충분히 명확하게 표현하고 있다고 믿을 수 있는지, 그리고 이후의 업무처리나 활동을 수행하는 과정에서 근거로 할 만한 것인지를 의미한다. 무결성(integrity)은 기록의 완전함과 변경되지 않았음을 의미한다. 이용 가능성(usability)은 기록의 위치를 찾을 수 있고, 기록이 검색될 수 있으며, 보일 수 있고, 해석될 수 있음을 의미한다(국가기록원). 이는 ISO 15489에서 기술하고 있는 기록의 속성이기도 하며, 특히 전자기록관리에 있어서 더욱더 중요시되는 원칙이다.

2.3 기록관리학

기록관리는 기록의 일생주기 과정에 필요한 전반적인 원리와 기술을 연구하는 분야이다. 기록물 수집 이후 크게 관리와 보존관련 활동에 대해 연구하는 학문이라는 측면에서 한국의 대학에서는 기록관리학(記錄管理學) 또는 기록보존학(記錄保存學)이라 명명하고 있다.

우선 기록관리학은 영문으로 'Archival Management' 또는 'Archival Administration'으로 이는 기록의 관리적 성격을 강조한 학문이기 때문이다. 전반적인 기록업무에 관한 프로그램을 만들어 감독 또는 관리하는 것이며, 그 기능은 기록의 평가 및 폐기, 수집, 분류 및 배열, 목록기술, 정보조사제공, 전시홍보, 보존, 그리고 기타 이용자 봉사 등이 다양하게 포함된다(Bellardo & Bellardo 1992).

기록보존학은 영문으로 'Archival Preservation' 또는 'Archival Conservation'으로 이

는 기록의 보존적 성격을 강조한 학문이기 때문이다. 기록보존학은 기록물이 훼손 또는 상태가 악화되지 않도록 안정시키고 보호하는 일과 관련된 전반적인 절차와 작업, 그리고 이미 훼손되거나 상태가 나빠진 기록물의 취급과 관련된 절차와 작업을 총칭한다(Bellardo & Bellardo 1992). 이는 기록물의 물리적인 성질, 손상의 원인과 예방, 복원의 방법과 기술로 기록물이 원상태로 유지될 수 있도록 하는 것이다.

 종합적으로 기록학은 상기 두 학문의 상위개념이자 또한 포괄적인 개념을 지닌 학문이며, 동시에 두 학문은 기록학의 분과학문(branch disciplines)이라 할 수 있다. 기록학을 영미에서는 보편적으로 ‘Archival Studies’로 표기하고, 중국에서는 ‘檔案學(Archives Science)’으로 표기한다. 일본에서는 ‘Archives’가 아니라 ‘기록관리(Records Management)’로 통용된다. 학문의 성격과 밀접하게 연관된 각 학회의 명칭도 미국은 SAA(Society of American Archivists), 영국은 SA(Society of Archivist of UK), 호주는 ASA(Australian Society of Archivists), 일본은 일본기록관리학회(Records Management Society of Japan)로 명명하고 있다.

3. 기록전문가

3.1 기록전문가의 개념

 미국기록전문가협회(SAA)의 용어집 *A Glossary for Archivists, Manuscript Curators and Records Managers*에 의하면 기록전문가는 크게 아키비스트(archivists), 매뉴스크립트 큐레이터(manuscript curators), 레코드 관리자(records managers)의 세 가지 개념으로 구분된다. 아키비스트는 ‘아카이브스(archives)’에 종사하는 전문 직업인이다. 매뉴스크립트는 필사본을 의미하고, 큐레이터는 도서관이나 박물관 등의 관장급의 관리직 직급을 말한다. 따라서 매뉴스크립트 큐레이터는 보존문서의 수집, 정리, 보존, 정보조사 제공, 전시홍보, 출판을 포함한 모든 활동에 관하여 전문적인 교육과 훈련 및 경험을 갖춘 전문가를 뜻한다. 레코드 관리자는 기록의 일생주기에 따라 생산·수집되는 기록물을 관리하는 기관 내의 책임자를 뜻하는 기록행정관이다.

기능을 기준으로 전문가의 활동을 살펴보면 관리적인 측면과 보존적인 측면으로 구분된다. 전자의 기능을 수행하는 사람을 기록관리전문가, 후자의 기능을 수행하는 사람을 기록보존전문가라 할 수 있다. 일반적으로 이 두 개념을 포괄하기 위해서 기록전문가 또는 아키비스트로 명명하고 있다. 구체적으로 아키비스트는 보존가치를 지닌 기록물의 수집·정리·보존·이용 등 관련 활동을 통해 기록유산을 보존하고 국가와 사회와 국민의 법적 권리를 보호하며, 조직의 경영관리활동을 지원하는 전문 직업인이다(김상호 1999).

국내에서도 기록전문가에 대한 명칭은 통일되어 있지 않은 상태이다. 기록사, 기록관리사, 기록관리인, 기록물관리인, 기록관리전문가, 기록보존가, 기록보존인, 기록보존전문가, 문서관리관, 문서보존인, 문서전문가 등 다양하게 명명되고 있다. 한편, 공공기록물관리에관한법률 제41조에 의하면 '기록물관리 전문요원'이라 규정하고 있다.

3.2 기록전문가의 역할

현대의 기록관리는 그 범위와 해석에 있어 전통적 기록관리와는 다르게 발전하였다. 고문서관리(archival management)라는 전통영역 이외에도 공공기관과 민간기관의 업무 수행에서 생산 또는 수집되는 행정기록물에 대한 종합적인 관리(record management)가 추가되었다. 이러한 변화는 현대의 제도 및 행정규모가 확대 발전됨에 따라 급증하게 된 기록물에 대한 시급한 관리 때문이라 할 수 있다. 따라서 기록전문가는 실질적으로 기록의 행정적 가치에서 역사적·문화적 가치에 이르는 전 과정의 흐름을 제도적으로 보장하는 역할을 수행한다. 구체적으로 기록전문가의 역할을 살펴보면 다음과 같다.

첫째, 기록물의 접수·수집기능. 이는 기록의 관리와 기록전문가 역할의 가장 기본이 되는 기능이라 할 수 있다. 기록전문가는 해당 기관에서 생산되는 각종 기록물을 주도적으로 접수하고, 관련 기록을 적극적으로 수집해야 한다.

둘째, 다양한 기록물의 유지·관리 기능. 일반적으로 기록물은 매우 다양한 매체로 표현되고 있다. 서한, 일기, 필사자료, 지도, 차트, 사진기록, 필름, 디스크, 영상기록,

음향기록, 전자기록 등과 같은 매체는 구별된 취급 및 관리를 필요로 한다. 따라서 각 매체별 접근방식과 보존환경에 따라 효과적으로 평가·접근·기술·관리하는 전문지식을 필요로 한다.

셋째, 기록물의 선별·평가 기능. 기록의 가치와 유용성을 이해하고 기록을 확인·선별·평가하여 어떤 기록이 잠재적 참조와 이용을 위하여 유지되어야 하고, 어떤 기록이 미래에 이용 가치가 있어 영구 보존되어야 하는지 결정해야 한다.

넷째, 기록물의 분류 및 기술(記述) 기능. 기록을 물리적으로나 내용적으로 완벽하게 검색에 용이하도록 유지하여야 한다. 즉 생산단계에서부터 '출처존중의 원칙'에 따라 분류하고 기술하여 업무수행에서부터 사후(事後)에 이르기까지 효율적이고 적절하게 검색, 이용 및 활용, 보존되도록 하여야 한다.

다섯째, 새로운 기술과 매체의 이용 및 활용 기능. 기록의 생산 및 표현매체가 디지털화되고, 특히 기록관리의 전산화기법이 보편화되고 있다. 다시 말해 방대한 양의 종이기록 처리로 인한 기록의 디지털화와 새로운 저장매체인 전자매체에 대한 지식을 동시에 필요로 한다. 이들 매체에 대한 제어기법과 더불어 매체 이전(移轉), 보존, 관리에 대한 지식 또한 갖추어야 한다.

여섯째, 기록물의 검색 및 이용 기능. 기록의 양이 폭발적으로 증가되고 내용이 점차 복잡해짐에 따라 이들 기록이 적절히 검색 및 이용되도록 필요한 각종 기법을 이해해야 한다. 더불어 소장된 기록의 내용과 함께 이용자의 요구 및 관심사항을 이해하는 것이 중요하다. 교육과 전시, 출판, 기타 외부 프로그램과 연계하여 기록의 이용을 확대하는 노력 또한 요구된다.

일곱째, 기록물의 보존 기능. 기록물의 보존을 위한 기준과 지침, 보존용 교육프로그램 개발, 기록물 보존체계의 확립, 그리고 보존기술을 필요로 한다. 조직의 목적에 유용한 것이라면 다양한 매체로 표현된 기록을 물리적으로 보존할 수 있는 지식과 함께 손상된 기록의 복원기술 및 복제기법에 대한 기술을 습득해야 한다.

마지막으로 세계기록유산 보존 기능이 있다. 기록의 역사적·문화적 가치의 중요성을 인식하고 그에 대한 적절한 보존을 위한 실천전략을 개발해야 한다.

Ⅱ. 국제기구와 국제기구 정보원의 이해

국제기구는 국제사회의 도래로 등장하게 된 개념이라 할 수 있다. 국제사회란 국가를 기본적인 구성단위로 상호간의 영속적인 교섭을 기초로 성립된 광범위한 인류사회 전체를 일컫는다. 국제사회와 인류는 국경을 넘어서 상호의존관계에 놓여 있으며, 이러한 상호의존도는 기술적·경제적인 요인에만 있지 않고 법률, 문학, 종교, 과학 등 모든 분야에 걸쳐 영향을 미치고 있다. 이는 곧 한 나라의 정책이 그들의 국내영역에만 국한될 수 없게 하는 외교정책의 변화와 어려움을 야기했다(안용교 1996, 22). 이러한 문제점을 극복하기 위해 등장한 것이 조약이며, 조약에 의거한 상설 기관이 바로 국제기구이다. 본 장에서는 국제기구에 대한 이해를 위하여 국제기구의 정의, 특징과 권한 및 출판 등에 대해 살펴보고, 국제기구에서 제작 또는 출판되는 정보원의 이해를 위하여 국제기구 정보원의 개념, 유형, 특징 그리고 유통과 가치에 대해서 살펴보기로 하겠다.

1. 국제기구

1.1 국제기구의 의미

국제기구는 넓은 의미로 '국경을 초월해서 설립된 상설 단체'를 지칭하는 것이고, 좁은 의미로는 '조약에 의하여 설립된 국가 간의 단체'를 지칭한다(大下善梧 1978, 89).

국제기구는 영어로 'International Organization' 혹은 'International Government'라고 한다. 우선 'organization'이라는 말은 우리말로 '기구'라고 번역하며, '명확하게 발전된 공식적 구조를 갖고 있는 고도로 제도화된 실체'라는 의미로 사용되어 왔다. 이러한 의미에서 국제기구란 '정부대표든 그렇지 않든 간에 최소한 두 개 이상의 주권국의 회원들이 공동의 이익을 추구할 목적으로 그들 간의 협정에 의해 설립한 공식적인 조직체'로 정의되어 왔다.

'International'이라는 용어는 국제사회가 현재와 같은 모습을 지니기 오래전부터 사용해 온 용어로서 원래 '국가 간(interstate)' 또는 '정부 간(intergovernmental)'이라는 의미를 지니고 있다. 이는 협의의 국제기구로서 유엔(UN: United Nations)이나 국제연합아동기금(UNICEF: United Nations International Children's Emergency Fund)과 같은 정부간국제기구(IGO: Intergovernmental Organization) 등이 이에 해당된다.

다만 현재에 와서 'international'은 '국가 간' 혹은 '정부 간' 이외에 일국의 개인과 집단, 그리고 다른 국가의 개인과 집단 사이라는 '국경을 넘은 비정부적 행위자(nongovernmental actors) 간'이라는 의미 역시 포함하는 것이 일반적이다(박재영 1998, 14). 최근 들어 양적·질적으로 성장하고 있는 비정부간국제기구(INGO: International Nongovernmental Organization)가 바로 이러한 의미의 국제기구라 할 수 있다. 국제사면위원회(AI: Amnesty International)나 그린피스(Greenpeace)와 같은 민간단체도 이에 속한다.

그러나 국제기구의 정의에 관한 의견은 매우 다분하며 대체적으로 국제법상에서 국제기구라 할 때에는 '정부간국제기구'라는 의미에 한정하고 있고 수많은 '비정부간국제기구'를 배제하는 경향을 보여준다.

따라서 종합적으로 국제기구란 '회원국들의 공통된 이익을 추구할 목적으로 셋 이상의 주권국가들 간의 협정에 의하여 창설된 것으로서, 기구 내에 특별한 기능을 수행하기 위한 특정 기관을 지닌 공식적이고 계속적인 조직체'라고 정의할 수 있다.

1.2 국제기구의 특징과 권한

국제기구는 셋 이상의 국가 간의 조약 또는 협정에 의거하여 창설된 것으로 특정의 목적과 특징 및 권한을 부여받아 목적한 특별한 기능을 수행한다. 한편 국제기구는 국가 간의 분쟁을 평화적 방법으로 해결하기 위하여 국제관계를 규제하고, 전쟁과 같은 국제분쟁의 최소화 또는 통제를 목적으로 한다. 그리고 인류 전체 혹은 어느 특정 지역의 사회·경제적 발전을 위하여 국가 간의 협력과 지원을 증진하고, 외세의 위협에 대한 집단안전보장의 조치를 목적으로 한다(이혁섭 1987, 285).

국제기구는 자체적인 특정의 목적 외에 이상과 같은 공통의 목적을 가지며, 이에 따른 권한을 수행한다. 일반적으로 국제기구는 다음과 같은 공통적인 특징을 가지고 있다(Plano and Riggers 1967, 12-13).

첫째, 회원자격은 통상 주권 국가로 제한되어 있고, 정치적 및 도덕적인 조건 없이 유자격 국가에게는 문호가 개방되어 있다.

둘째, 국제기구는 다변적인 조약에 의하여 성립되며 이러한 조약은 회원국들에 대한 특별한 의무와 목적 및 기능 등을 명기하고 있다.

셋째, 기본적인 정책수립기관으로서 총회(General Assembly)가 있고, 총회는 전체 회원국들에 의해 성립된다.

넷째, 정책결정의 경우 전체 회원국들은 평등의 원칙에 의하여 동등한 투표권을 갖는다.

다섯째, 총회에 의해 설치된 광범위한 정책결정을 관리하는 집행이사회 등 정책결정기관을 가지고 있고, 그 구성원은 제한되어 있다.

여섯째, 사무국은 총회 및 이사회 등의 정책을 집행하기 위하여 설치되어 국제적 수준의 직업공무원에 의해 운영되며 일상적인 업무를 수행한다.

일곱째, 어떤 기구는 사법적 또는 준사법적 권한을 행사하기도 하고 그들의 재산에 대하여 법적 권한을 부여하기도 한다.

여덟째, 기구의 재정문제는 회원국 정부의 기부금에 의하되 기부금의 지불능력에 따라 분담금 할당방식을 취하고 있다.

아홉째, 기구의 기능은 제한되어 있고 특별한 문제에 관해서는 규약에 명문화하고 있다.

열째, 정책결정은 국제조약 초안을 각 회원국에 비준을 위해 제출하는 방식과 회원국 정부가 권고 결의안을 채택하는 방식의 두 가지가 있다.

따라서 국제기구는 공통적으로 회원국들로 결성되어 명문화된 조약을 기초로 하며 총회를 통하여 정책을 수집하고 정책집행진에 의하여 일상 업무를 수행함을 알 수 있다. 이러한 국제기구의 권한에는 중요한 사항의 경우 회원국을 구속할 수 있는 강한 측면이 있는가 하면, 회원국의 주권을 침범하지 않는 범위 내에서 제안과 권고만을 하는 약한 측면이 있다. 오늘날 대부분의 국제기구의 권한은 후자의 범주에 속한다고 볼 수 있다. 좀 더 구체적으로 국제기구의 권한을 세분하여 살펴보면 다음과 같다(최종기 1991, 478-479).

첫째, 국제기구의 권한의 구분. 국제기구의 권한은 물질적 권한과 법률적 권한으로 구분할 수 있다. 대부분의 국제기구는 관련된 자료의 수집과 연구 그리고 정보의 전파 등과 같은 여러 권한이 있고, 관련 활동은 회원국을 제한할 수 있다. 그리고 기구의 대내적인 행정에 대하여 지배권을 가진다.

둘째, 국제기구 권한의 제한과 양도. 국제기구의 권한의 제한과 권한의 양도는 국가적 단계와 국제적 단계에 따라 구분된다. 즉, 권한의 제한은 국가기관에 해당하며 권한의 양도는 국제기구에 해당된다. 예를 들어 대부분의 국가의 지출은 그 국가의 의회 심의가 끝나고 예산이 확정된 후에 허가되는 방식으로 제한된다. 이러한 권한의 제한과 양도의 구분은 국제기구의 임무를 분명하게 하는 기준이 된다.

셋째, 국제기구 권한의 질. 모든 주권국가는 입법·행정·사법의 법률적 삼권(三權)이 분립되어 있으나 국제기구의 권한은 이와 달라 '협의'할 수 있는 권한을 가진다. 국제기구의 사법기능의 경우 순수한 감독을 하는데 그치며, 실제적인 정치적 압력은 국제관계의 광범한 형태의 하나일 뿐 법적 형태로까지 성립되는 것은 아니다.

따라서 국제기구의 권한은 기구의 대내적 행정적 지배권을 가지며, 법률적 형태의 권한보다는 협의의 권한을 가지고 회원국들을 제한하는 것이라 할 수 있다.

1.3 국제기구의 분류

다양한 종류의 국제기구를 유형별로 분류하기 위해 수많은 시도가 있어 왔다. 그러나 그러한 시도는 연구의 목적에 따라 다른 결과를 나타내기도 했다. 기존 선행연구들을 살펴보면 일반적으로 기능, 회원, 정치적 목적 여부, 주권의 제약 정도, 복합적인 기준의 적용 등을 기준으로 분류되고 있다. 그중 국제기구법의 비교연구에서 유용한 방법 중의 하나로 거론되는 것은 국제기구의 기능을 기준으로 국제기구를 분류하는 것으로 다음과 같다.

첫째, 해당 국제기구의 수행 협력의 범위에 의한 분류. 이는 해당 국제기구가 국제사회 전체에 개방되어 있느냐 아니면 일정한 회원에게만 개방되어 있느냐에 따라 분류하는 것이다. 전자의 경우 보편적 국제기구로 분류하고, 후자의 경우 폐쇄적 국제기구로 분류한다.

둘째, 국제적 협력 범위에 의한 분류. 이는 국제기구가 원하는 것은 무엇이든 할 수 있는지 아니면 명백히 한정된 분야에만 국한되어 있는지에 따라 분류하는 것이다. 전자는 일반기구로, 후자는 특별기구로 분류한다.

셋째, 협력 효과 부여 수단에 의한 분류. 이는 해당 국제기구와 회원 간의 관계에 따라 분류하는 것으로 정부 간 기구와 초국가적 기구로 분류한다.

2. 국제기구의 정보원

2.1 국제기구 정보원의 개념

국제기구에서 출판되는 출판물, 즉 1981년 플레처(Fletcher 1982)가 12개 국제기구의 정보원 572건을 비교 분석한 통계자료에 의하면, 1) 572건의 영어, 혹은 다른 언어로 된 정보자료들 중 54%인 310건이 단행본과 연구자료, 핸드북, 훈련자료이며, 2) 나머지 262건 중 144건(25%)은 문서류이고, 3) 63건은 통계 자료와 연보로 11%를 차지하며, 이둘 중 39건은 유엔, 10건은 FAO가 발행한 것이며, 4) 그 외 10%는 41건의 자료목록, 규정집, 서지목록(7%), 그리고 약 3%가 일반 연구 및 공공정보자료였다. 비교분석 대상의 국제기구 정보원은 상업적 출판자에 의한 국제기구 자료들이나 정기간행물은 포함하지 않았다. 따라서 국제기구가 출판한 정보원 중 절반이상이 단행본, 연구자료, 핸드북, 그리고 훈련자료이며, 이를 제외한 경우 문서류가 1/4정도임을 알 수 있다.

그러나 국제기구 출판물의 일반적인 구성은 참고문헌과 전문적인 자료들로 이루어져 있다. 그들 중 많은 수가 출판물이 아닌 문서로 제작된 것들이다. 이에 대하여 구자영(1989, 3－37)은 국제기구의 정보원을 '문서류(documents)'와 '출판물(publications)'로 구분하였다. 그 외 국제기구의 정보원은 국제기구의 관례에 의하면 단행본과 팸플릿, 연구문헌과 참고문헌, 유료와 무료 등을 기준으로 구분하고 있다. 요컨대, 국제기구의 정보원은 국제기구 자체가 그들의 사업을 알리고 지원하기 위해 생산하는 '문서류'와 기구 조직의 틀을 벗어나 그들의 사명과 프로그램을 증진하기 위한 목적으로 특수 제작된 '출판물'이라 할 수 있다.

국제기구의 정보원은 일반 대중을 대상으로 하기에는 상당히 특화된 자료들이며, 내용 또한 매우 전문적이다. 특히 연구자료와 보고서가 이에 해당되며, 이러한 종류의 출판은 대중에게 전파할 목적으로 이루어지는 것은 아니다. 그러나 국제기구 정보원은 관련분야 연구자들에게 일차정보원으로서 유일무이한 경우가 대부분이고, 이에 대한 학술정보원으로서의 필요성 또한 상당하다 할 수 있다.

2.2 국제기구 정보원의 유형

국제기구에서 생산하는 정보원은 크게 문서류와 출판물의 두 부류로 구분됨을 언급하였다. 그중 문서류는 '도큐먼트(documents)'로서 해당기구의 공식적인 기능과 업무를 수행하는 과정에서 자연 발생적으로 생성되기도 하고, 필요에 따라 의도적으로 기획되기도 한다. 국제기구가 생산하는 대량의 문서류는 다음과 같이 분류해 볼 수 있다(Hopkins 1980, 371－372).

첫째, 행정문서(administrative documents). 이는 기구 내부의 업무 진행과 관련된 순수한 내수용 정보자료이다. 따라서 외부 배포가 제한되고 있으며 실제로 외부 수요가 거의 없다.

둘째, 기관문서(institutional documents). 이는 해당기구의 기능 이행에 관한 공식기록으로서 활동과 업적에 관한 정보자료이다. 공식기록으로 외부 발표가 이루어지며, 외부 수요 또한 상당하다.

셋째, 정책문서(policy documents). 이는 정책결정, 요강, 제의, 토의내용, 결의를 지원하는 보고서 등을 포함한다. 이들 정보자료는 회원국의 정부부서, 의회, 무역 업계에게 주요 관심사가 되고 있다. 회원국에게 공식경로를 통하여 배포된다.

넷째, 입법문서(legislative documents). 이는 해당 기구의 활동영역에 관련된 권고사항, 결의안, 회원국이 준수할 원칙, 법규 및 최소한의 기준, 무역에 관련된 국제규정, 국제조약 및 협정 등을 다룬다. 이 또한 회원국에게 공식경로를 통하여 배포되고 있다.

이상과 같은 국제기구의 문서류 즉, 도큐먼트는 기구의 회원국에게 공식경로를 통하여 배포될 뿐 만 아니라 해당 홈페이지를 통하여 전문(full-text) 또는 PDF방식으로 배포하기도 한다.

2.3 국제기구 정보원의 특징

문서류나 출판물의 형태로 출판되어 배포 및 유통되는 국제기구 정보원의 특징은 다음과 같다.

첫째, 국제기구 정보원은 특정 기구의 다양한 공식 활동을 지원하는 대내용 자료가 주종을 이룬다.

둘째, 관련된 많은 사람들에 의한 공동 저작물이 대부분이다. 흔히 국제기구 출판의 경우 '저자부서(author departments)'라는 용어가 쓰인다. 즉 하나의 자료는 행정직 요원, 편집자, 번역자 등을 거쳐 작성된다(Hinds 1985, 298). 특히 이러한 정보원의 출판의 양은 다양한 언어로 번역되어 기하학적으로 증가한다.

셋째, 국제기구가 생산하는 자료의 주제는 활동 계획의 범위만큼 다양하다.

넷째, 국제기구 정보원의 종류는 일반적으로 각 기구의 정관과 내규집을 포함하는 기초자료, 각종 단위의 회의에 관한 회의자료와 같은 공식기록, 정규보고서, 연구개발 보고서, 통계집, 결의안, 홍보자료, 서지자료, 참고도서 등을 포함한다.

다섯째, 국제기구에서 생산되는 특수한 연구보고서류는 질적 수준이 높이 평가되고 있어 해당 분야의 연구 자료의 부족 현상을 완화시키는 역할도 한다.

여섯째, 동일의 정보자료가 동시에 여러 언어로 생산되기도 한다. 이는 각 회원국의 언어로 생산 또는 번역되기 때문이다.

일곱째, 단행본과 더불어 정기간행물 형식으로 계속되는 경우가 대부분이다.

여덟째, 물리적 형태의 경우 인쇄본, 마이크로 형태, 슬라이드, 필름, 비디오테이프, CD-ROM, 전자출판 형태 등 매우 다양하다.

이상과 같은 국제기구 정보원의 특징은 일반적인 정보원과는 사뭇 다르며, 이는 국제기구가 가지고 있는 특징의 반영이기도 하다.

2.4 국제기구 정보원의 유통

대부분의 국제기구는 그 활동과 업적을 널리 알리기 위해 다양한 유통경로를 통해 각종 정보원을 유통시키고 있다. 국제기구 정보원의 유통경로 또한 특징적인 양상을 보이는데, 예를 들어 유엔(UN)과 같은 국제기구에는 보급의 수준을 사전에 규정하는 다음과 같은 네 가지의 배포 기준이 있다.

첫째, 일반적 배포(general distribution). 이는 가장 포괄적인 자료군이 여기에 해당되며 기존 문서류, 최종 회의 기록, 주요 기구의 결의안과 기타 결정 사항, 보고서류를 포함한다. 일반적 배포에 해당되는 정보원은 일반인에게 공개적 보급이 가능한 자료라 할 수 있다.

둘째, 제한적 배포(limited distribution). 여기에는 초안, 임시보고서, 회의일정 관련 자료 등의 임시 문서류가 이에 해당되는데, 이 경우 시일이 흐름에 따라 '일반적 배포'로 변하는 경우가 허다하다.

셋째, 한정적 배포(restricted distribution). 일반에게 공개되지 않는 순수한 내수용 자료가 이러한 경우에 해당되는데, 이들 역시 시일이 경과되면 공개가능하게 된다.

넷째, 참석자로 제한 배포(participants only). 이러한 경우는 회의참석자에게만 전달되는 비공식 임시자료가 해당된다. 이 또한 이후 공개될 잠재적 가능성이 내재되어 있다.

이처럼 국제기구 정보원은 일반적 배포 외에 제한적 배포, 한정적 배포, 그리고 참석자로 제한 배포의 경우로 구분되어 일정기간 폐쇄적인 배포의 양식을 취하고 있으나, 이후 대부분 공개되거나 잠재적 공개가능성을 지니고 있다고 할 수 있다. 한편, 국제기구 자료의 유통경로는 무상배포와 판매 및 교환으로 구분된다.

첫째, 무상배포. 정해진 규정에 따라 공식적으로 계속 배포되는 경우가 대다수이거나 외부 요청에 따라 홍보용과 기증용 자료를 제공하는 경우가 적지 않다. 일반적으로 공식적 무상배포는 기탁제도를 활용하는데 기탁제도는 기구의 목표와 활동을 알림과 동시에 일반인의 알 권리를 동시에 만족시키는 제도이다. 이 경우 외부의 특정 독자층을 상대로 하기보다는 도서관을 주 대상으로 한다. 예를 들어 기탁도서관(depository library)제도는 미국이 정부간행물의 보급과 보존을 위해 1850년대부터 실시하였고,

1937년 국제연맹(League of Nations)이 연맹의 목적, 조직, 활동을 널리 보급하고 국제
적 이해를 증진시킬 수 있는 수단으로 137개의 기탁도서관을 운영하게 되었다.

둘째, 판매. 국제기구의 문서들은 내부 수요를 위한 것이나 외부의 수요가 높은 많은
문서들이 외부 배포와 판매를 위해 출판물로 재생산되는 경우가 많다. 이 경우 정보원
은 표면상 특정 독자층이나 일반적인 대중을 겨냥해 제작되며, 기구의 활동과 업적을
일반에게 홍보시키려는 것이 주요 목적이다. 따라서 상업출판사보다 가격이 저렴하며
기구 내에서도 판매금액은 크게 문제되지 않는다. 이러한 출판물의 형식은 보고서나
연구평가서, 관련분야에서 고도의 학술적 가치를 지닌 총서류, 정책결정이나 수행에 필
요한 통계시리즈, 각종 회의보고서, 비전문가와 일반인들에게 홍보하기 위해 무료로 배
포하는 출판물 등으로 생산된다.

셋째, 교환. 국제기구자료는 90% 이상이 자신이 속한 국가를 벗어나 일반 대중에게
전달된다. 그 중 일차적 이용자는 주로 회의에 참석한 대표단, 관계직원, 회원국 정부
부서가 주 대상이 된다. 이차적 이용자는 국제기구 자료 안에 포함된 특정 정보를 필
요로 하는 경제, 무역, 산업계, 학계로 구분된다. 특히 국제문제에 대한 국제기구의 역
할 증대와 세계질서 및 평화, 안보에 대한 국가 간 정치적 문제들은 사회과학자들의
특수한 정보요구에 유용한 자원으로 활용되고 있다.

2.5 국제기구 정보원의 가치

국제기구를 통하여 제작 또는 출판되어 배포되거나 유통 및 판매되는 정보원은 다음
과 같은 이용 가치를 지니고 있다.

첫째, 국제기구 정보원은 국제적으로 협의 중이거나 협의된 정책수행 및 활동내용을
문서로 발간하기 때문에 이와 관련된 학문연구에 필요한 학술정보원으로서 중대한 가
치를 갖는다고 할 수 있다.

둘째, 국제외교 연구에 있어서 관련자나 연구자들이 공통적으로 겪고 있는 어려움
중 하나는 외교 정책 결정 과정에 요구되는 정보원이나 그 자료의 접근의 어려움이다
(Deibert 1998, 213). 국제기구 정보원은 상술하였듯이 일부 폐쇄적인 배포의 양식을

취하고 있으나 기본적으로 이러한 요구를 충족시킬 수 있을 것으로 보인다.

셋째, 국제기구 정보원은 세부적으로 각 국제기구의 활동 분야별로 제작되거나 출판되어 배포 및 유통된다. 따라서 국제기구 정보원은 때에 따라서는 일차정보원 또는 이차정보원으로 제작·출판되어 학계와 산업계 등에서 유일무이한 정보자료로서의 가치를 가지는 경우가 대부분이다.

따라서 국제기구 정보원은 일반적인 참고정보원에 비하여 입수 또는 수집이 용이하지는 않으나 학술정보원으로서 그리고 유일한 국제기구관련 정보원으로서의 가치는 매우 크다 할 수 있다.

Ⅲ. 기록관련 국제기구 소개 및 정보원

ACARM

Association of Commonwealth Archivists and Records Managers
영연방기록전문가와기록물관리자협회

① 기 구

1) 소재사항

소재국가 영국

주   소 c/o IRMT, 4th floor, 7 Hatton Garden, London EC1N 8AD UK

전자우편 newsletter@acarm.org

홈페이지 http://www.acarm.org

2) 성 격

영연방기록전문가와기록물관리자협회(ACARM)는 영연방 지역의 기록관련 기관, 기록 전문가들, 기록물관리자들 간의 링크를 제공하는 매개체 역할을 하는 기관이다.

3) 설립연혁

ACARM은 법률과 행정 시스템과 관련하여 공동유산과 공동기록을 실현하는 것이 중요하다는 믿음을 기본으로 하여 영국과 영연방 지역 그리고 그들끼리의 기록공 유 및 관련자들의 연결을 제공하기 위해 1984년에 설립되었다. ACARM은 영연방 의 기록관련 전문가들 사이의 네트워크를 성립시켜 왔고, 공공행정에서 기록을 유 지하는 데 있어서의 문제들을 해결하기 위한 실제적인 전략을 개발해 왔다.

4) 설립목적

① 영연방의 기록전문가와 기록물관리자의 전문가로서 계발 촉진
② 국가유산과 개발 프로그램에서의 기록보존과 기록물의 중요성 강조
③ 영연방 지역에서의 전문적인 기록보존과 기록물관리 교육 및 트레이닝 개발 촉진
④ 공동유산을 비교, 교환, 공유하고 그들의 공동 경험을 발전시키는 기록전문가와 기록물관리자 양성
⑤ 정보의 유포 장려
⑥ 기록보존과 기록물에 관해 교육함으로써 영연방에 대한 더 많은 인식 촉진

5) 조 직

(1) 집행위원회(Executive Committee)

ACARM의 관리부문으로 선거에 의해 선출되는 집행위원회(Executive Committee)가 있다.

(2) 총 회

총회는 기록관련원탁회의국제컨퍼런스(CITRA: International Conference of the Round Table on Archives)가 1년에 한 번 열리고, 기록에 관한 국제의회(International Congress on Archives)가 4년에 한 번 열린다.

6) 회 원

ACARM은 총 30개 이상의 국가에 약 백명의 회원을 두고 있다. 회원은 기관회원(institutional members)과 개인회원(individual members)으로 구분된다. 기관회원의 경우는 국가, 주정부, 지역기관 등에게 자격이 주어진다. ACARM은 2007년 현재 영연방 국가들을 회원을 보유하고 있으며, 영연방 국가 외에는 홍콩과 스위스가 가입되어 있다. 회원 국가는 앤티가 바부다(Antigua and Barbuda), 호주

(Australia), 바하마스(Bhamas), 바베이도스(Barbados), 벨리즈(Belize), 보츠와나 (Botswana), 브루나이(Brunei Darussalam), 카메룬(Cameroon), 캐나다(Canada), 케이 맨 제도(Cayman Islands), 키프로스(Cyprus), 도미니카(Dominica), 피지(Fiji), 잠비아 (The Gambia), 가나(Ghana), 영국(Great Britian), 그레나다(Grenada), 가이아나 (Guyana), 인도(India), 자마이카(Jamaica), 케냐(Kenya), 키리바시(Kiribati), 레소토 (Lesotho), 말라위(Malawi), 말레이시아(Malaysia), 몰디브(Maldives), 몰타(Malta), 모리셔스(Mauritius), 모잠비크(Mozambique), 나미비아(Namibia), 나우루(Nauru), 뉴 질랜드(New Zealand), 나이지리아(Nigeria), 파키스탄(Pakistan), 파퓨아뉴기니(Papua New Guinea), 세인트키츠네비스(St Kitts and Nevis), 세인트루시아(St Lucia), 세인 트빈센트 그레나딘(St Vincent and the Grenadines), 세이셸(Seychelles), 시에라리온 (Sierra Leone), 싱가포르(Singapore), 솔로몬제도(Solomon Islands), 남아프리카 (South Africa), 스리랑카(Sri Lanka), 스와질란드(Swaziland), 탄자니아(Tanzania), 통가(Tonga), 트리니나드토바고(Trinidad and Tobago), 투발루(Tuvalu), 우간다 (Uganda), 바누아투(Vanuatu), 서사모아(Western Samoa), 잠비아(Zambia), 짐바브웨 (Zimbabwe) 등이다.

7) 주요사업

영연방 국가들은 공통의 역사적 경험과 언어 뿐 만 아니라 공통의 법률과 행정전통 을 가지고 있다. 이를 기본으로 ACARM 회원들은 공동의 전략과 전문적인 문제를 표명하기 위한 통로를 제공한다. 한편 빠른 컴퓨터 기술의 도래와 함께 기록물관리 자들과 기록전문가들이 직면하고 있는 문제점은 점점 더 복잡해지고 있다. 따라서 ACARM은 이러한 문제들에 대한 해결방안을 공유토록 해주는 가치 있는 기구이다.

8) 최신 프로젝트

현재 가장 큰 프로젝트로 법률제정이 영연방 국가들의 기록과 기록관에 어떤 영향 을 미치고 있는지에 대한 연구가 진행 중이다.

9) 관련단체

(1) 영연방(Commonwealth)

ACARM은 영연방 본부에 의해 인정된 영연방 비정부기구이다. 영연방기금과 함께 총 54개의 회원국들과 함께 영연방 정부수장회의(CHOGM: Commonwealth Heads of Government Meetings)를 개최하여 회원국들의 행정적 시급문제를 파악한다.

(2) 국제아카이브스협의회(ICA: International Council on Archives)

ACARM은 국제아카이브스협의회와 밀접한 관계에 있으며, 직접적인 링크를 제공하고 있다.

(3) 국제기록관리신탁(IRMT: International Records Management Trust)

ACARM은 대중부문 기록프로젝트 경영에 있어서 IRMT와 협동관계에 있다. IRMT는 개발과 실행을 담당하고 있으며, ACARM은 네트워킹의 역할을 맡고 있다.

② 정보원

1) 정보원배포정책

'Publications'에서 뉴스레터, 논문, 연간보고서 등을 PDF로 검색·열람할 수 있다.

2) 뉴스레터(Newsletters)

ACARM의 *newsletter*는 각 호(Issue)에 순차적인 번호를 부가하고 있으며, 2007년

5월 현재 35호에서 38호까지를 홈페이지에 탑재하고 있다. 각 호별로 여러 가지 주제에 대한 글들이 실려 있다. 가장 최근의 37호와 38호의 내용을 보면 다음과 같다.

- 38호(Issue 38)
  - · *Archival Developments in St Kitts*
  - · *Staff of The Bahamas National Archives Visit South Carolina for Training*
  - · *Launch of Domesday Online*
  - · *Records Management Situation in the British Virgin Islands*
  - · *The Dawn of Right to Information on the African Continent*
  - · *A Vision for the National Archives of Malta*
  - · *Is InterPARES Relevant to the Global Periphery?*
- 37호(Issue 37)
  - · *Records Management in Developing Countries: Challenges and Threats*
  - · *Ten Principles on The Right to Know*
  - · *Making the Case for Records Management Training*
  - · *The Continuing Legislation Project − Workshop in St Kitts 2005*

3) 출판물 및 비정기간행물(Publications/Occasional papers)

- *Guide to the Internet and World Wide Web For Archivists and Records Managers by Louisa Venter(2005)*
- *Conservation and Preservation Activities inArchives and Libraries in Developing Countries: An Advisory Guideline on Policy and Planning by Jonathan Rhys−Lewis(2000)*
- *Archival Legislation for Commonwealth Countries by Dagmar Parer*
- *Commonwealth Sources in British Official Records*
- *West African Sources in British Colonial Office Records*
- *Colonial Related Archive and Manuscript Collections in the UK*
- *A Checklist of Commonwealth Parliamentary Papers*

- *The Management of the Public Record in An Electronic Environment*
- *Records as a Basis for Human Resource Management: Creating an Integrated Paper and Electronic System(P. Cain and L. Millar)*
- *The Management of Public Sector Financial Records: The Implications for Good Government(P. Akotia)*
- *The Implications of Electronic Records(P Cain and L Millar)*
- *Costs of the Failure of African Nations to Manage Records Effectively(P. Mazikana)*

AIAF

Association Internationale des Archives Francophones
프랑스어권국가의국제기록전문가협회

① 기 구

1) 소재사항

소재국가   캐나다
주   소   Case postale 10540, Québec, Canada, G1V 4N1 Canada
전   화   + 1418 644 4800
팩   스   + 1418 646 0868
전자우편   carol.couture@bang.qc.ca

홈페이지 http://www.aiaf.org

2) 성 격

프랑스어권 국가의 기록전문가들로 구성되어 기록관련 업무의 상호협력을 실행하는
국제적 수준의 협회이다.

3) 설립연혁

1989년에 에스파냐의 마드리드(Madrid)에서 열린 국제아카이브원탁회의에 참석한
프랑스어권 국가의 국제적인 기록전문가 20명여 명의 대표자들에 의해 만들어진
협회이다.

4) 설립목적

50여개의 동맹국 간에 상호 협력하여 발전키기 위하여 설립되었다. 구체적으로 전
문성의 형성이나 교환, 특성화된 문화의 확산, 아카이브 서비스의 구성과 현대화,
아카이브 내용의 확산, 그리고 전문적인 협회의 지지 등을 설립목적으로 한다.

5) 회 원

현재 미국, 아프리카, 아시아, 유럽, 오세아니아 대륙으로부터 50여 개국의 동맹국
이 회원으로 가입되어 있다. 프랑스어를 사용하는 모든 행정 기관, 사회 모임, 국가
등이 가입할 수 있으며, 가입을 원할 경우 비서실에 가입 신청 절차를 거쳐야 한
다. 1년에 100유로의 가입비를 낸다.

6) 관련 기관

'Liens Utiles'에서 관련 기관의 사이트들을 링크시켜 놓았으며, 다음과 같다.

- Agence Intergouvernementale de la Francophonie
  홈페이지: http://lessites.service-public.fr/cgi-bin/annusite/annusite.fcgi/int4?lang =fr&orga=413
- Archives Fédérales Suisses
  홈페이지: http://www.bar.admin.ch/index.html?lang=fr
- Bibliothèque et Archives Canada
  홈페이지: http://www.collectionscanada.ca/index-f.html
- Bibliothèque et Archives Nationales du Québec
- Association des Archivistes Français
  홈페이지: http://www.archivesdefrance.culture.gouv.fr/
- Association des Archivistes du Québec
  홈페이지: http://www.banq.qc.ca/
- Conseil International des Archives
  홈페이지: http://www.ica.org
- Direction des Archives de France
  홈페이지: http://www.archivesdefrance.culture.gouv.fr
- Institut Francophone des Nouvelles Technologies de L'information et de la Formation
  홈페이지: http://intif.francophonie.org/
- Unesco Archives Portail
  홈페이지: http://www.unesco.org/cgi-bin/webworld/portal_archives/cgi/page.cgi?d=1

2 정보원

1) 정보원배포정책

AIAF 홈페이지의 'Portail' 란을 통하여 각종 보고서를 무료로 다운로드 받을 수 있다. 'Quoi de Neuf'에 필요한 경우 열람을 원하는 관련 홈페이지로 쉽게 이동할 수 있도록 링크해 놓았다. 또한 'Statuts'에 AIAF의 규정 항목이 탑재되어 있다.

2) 정보자료

(1) Quoi de Neuf

여기에서는 AIAF가 만든 프랑스어권국가의국제기록전문가포털(PIAF: Portail International Archivistique Francophone)에 대해 설명하고 있으며, 쉽게 PIAF 홈페이지로 이동할 수 있도록 링크시켜 놓았다.

(2) Portail

AIAF의 최근 2006년 6월까지의 불어권 국제 아카이브에 대한 보고서를 검색할 수 있다. 이는 전문과 PDF 버전으로 다운로드 받을 수 있다.

ARMA International

Association of Records Managers and Administrators, International

국제기록관리자및행정가협회

① 기 구

1) 소재사항

소재국가   미국

주   소   ARMA International 13725 W. 109th Street, Suite 101 Lenexa, KS 66215
USA

전   화   +1 913 341 3808

팩   스   +1 913 341 3742

전자우편   hq@arma.org

홈페이지   http://www.arma.org

2) 성 격

기록관리자및행정협회(ARMA)는 기록 및 기록관리의 비영리전문협회이자 권위있는
국제기관이다. 또한 국제기록관리기준인 ISO 15489의 중요한 공헌자이기도 하다.

3) 설립연혁

ARMA는 미국과 캐나다를 비롯한 다른 30개 국가의 정부, 법, 의료, 금융서비스
등의 폭넓은 범위의 다양한 활동을 하는 기록관리자(records managers), 기록전문가

(archivists)와 같은 전문가들을 대표하는 협회로서 1995년에 설립되었다.

4) 조 직

ARMA의 조직은 이사회(Board of Directors)와 집행위원회(Executive Officers)로 구성된다.

5) 회 원

- ARMA는 전세계 30개 이상의 국가에 약 1만여 명의 회원을 두고 있다.
- 미국, 아시아, 호주, 영국, 유럽에서 기록관과 정보 및 기록관리자들의 많은 전문 협회들이 ARMA의 회원으로 등록되어 있다.
- 이들 회원은 정부, 법률, 의료분야, 금융서비스 분야 등의 전문적인 기록관리자, 기록전문가, 사서, 영상전문가(imaging specialists), 법률전문가, 정보통신관리자, 컨설턴트, 교육자로 구성되어 있다.
- ARMA는 회원에 대하여 기록관리 영역에서 서로를 지원하고 장려하고 도전하고 교육하기 위해 노력한다.
- ARMA의 국제 네트워크와 전문가들은 아이디어와 기술을 서로 공유한다.
- ARMA의 회원이 됨으로서 국제 기록 및 정보관리 전문가들과 연결이 되며, 이는 ARMA의 회원이 되려는 주된 이유이기도 하다.
- ARMA를 통해 회원들은 특정 정보 및 기록에 대하여 접근할 수 있다.
- 연간등록을 한 회원들은 ARMA의 정기간행물인 정보경영저널(*Information Management Journal*)을 구독하게 된다.
- 국제적십자(International Red Cross), 세계보건기구(World Health Organization), 유엔난민사무소(UN High Commission for Refugees)와 같은 기구의 일부 자원자들이 ARMA의 회원으로서 자발적으로 전세계에 전문적인 자문을 제공하고 있다.

6) 주요사업

ARMA는 다음과 같은 자원과 서비스를 제공하는 데 주력하고 있다.
① 법률과 규정의 업데이트
② 기준 및 우수사례
③ 기술 트렌드 및 적용
④ 웹기반 교육
⑤ 시장뉴스 및 조사
⑥ 기록과 정보관리에 관한 서적 및 비디오 제공
⑦ 1만여 명 이상의 기록 및 정보관리 전문가들의 글로벌 네트워크 제공
⑧ ARMA에 관한 동영상기록 제공

② 정보원

1) 정보원배포정책

ARMA는 기록과 정보를 일상적으로 관리하는 전문가들을 위해 특화된 유일한 전문 정기간행물인 정보경영저널(*Information Management Jounal*)을 출간하며, 이에 대한 기사색인을 제공하고 있다. ARMA는 또한 기록관리와 관련한 기준과 가이드라인을 개발 및 출간한다. 'Publications'에서 출판물, 정책개요, 보도자료, 보고서 등을 원문으로 제공받아 열람할 수 있다. 'Search IMJ Articles'에서 키워드 검색을 통하여 원하는 기사를 검색할 수 있다.

2) 규정 업데이트(Regulatory Updates)

ARMA는 각국의 주요 기록 및 기록관리 관련 규정에 대한 정책을 실시간으로 업데이트하여 제공하고 있다. 주요 내용은 다음과 같다.

(1) 워싱턴정책(Washington Policy Brief)

- *SEC Hires Archivist*
- *OMB Publishes New Statistical Data Protection Rules*
- *CMS Testing E－Health Records*
- *VA Issues Data Breach Rule*
- *CFTC Proposes Record Rule*

(2) 캐나다정책(Canadian Policy Brief)

- *Spectrum Auction Puts Wireless Competition on the Line*
- *Industry Committee Release Counterfeiting and Piracy Report*
- *Canadian Privacy Commissioners Call for Suspension of No－Fly List*
- *CRTC Releases Canadian Television Fund Report*
- *Canada Enacts Legislation to Protect Olympics Marks*

(3) 유럽연합정책(EU Policy Brief)

- *Advertisers Beware, Consumers Rule Online*
- *EU Backs Biometrics Visa Database*
- *EU's Secretive Group Faces Scrutiny*
- *UK National Archives Warn of Data Time Bomb*
- *Europe Launches Online Case Law Exchange Service*
- *EU Plans Air Passenger Data Exchange System*
- *Consumer Organisations Concerned about Google Acquisition of DoubleClick*

3) 뉴스와이어(Newswire)

보도자료 관련 목록과 내용을 제공하고 있다.

- *Google Revamps Search Data Retention*
- *Microsoft Office SharePoint Server 2007 Certified*
- *NASCIO Produces Records Management Information Series*
- *Anacomp Enters Litigation Support Market*
- *Insurers Find Role in Mergers and Acquisitions*
- *Iron Mountain Acquires Accutrac*

4) 정기간행물(Journal)

이는 *Information Management Journal*에 대한 정보원으로서 온라인구매신청서를 통해 유료로 구독 신청해야 한다. 구입 후 30일 이내에는 온라인상에서 PDF로 전자파일을 다운받을 수 있도록 되어 있으며, 최근의 대표적인 기사는 다음과 같다.

- *A National Response to ISO 15489: A Case Study of the Jamaican Experience*
- *A Records Management Program that Works for Archives*
- *Archivist's View: NARA Enters New "ERA" of Electronic Records Management*
- *Controlling the Risks of Content Publication*
- *Digital Archiving in the Pharmaceutical Industry*
- *Information Security Management Best Practice Based on ISO/IEC 17799*
- *Integrating Archives, Records, and Research*
- *Managing Business Records and Archives at the Getty Center*
- *Records Management and Archives: Finding Common Ground*
- *Records Managers in the Global Business Environment*
- *Standards: Building Blocks for a Strong RIM Program*
- *The Impact of the USA PATRIOT Act on Records Management*
- *The Why and How of International Records Retention*
- *Congress Assesses Data Security Proposals*
- *Dealing With Disaster*
- *New Rules for E-Discovery*

ARMS
UN Archives and Records Management Section
유엔기록관리부

① 기 구

1) 소재사항

소재국가 미국

주   소 ARMS FF－109, United Nations, New York, NY 10017 USA

팩   스 +1 212 963 4414

전자우편 arms@un.org

홈페이지 http://archives.un.org/unarms

2) 성 격

유엔기록관리부(ARMS)는 유엔(United Nations)과 국제 평화유지의 역사적 연구를 위한 방대하고 다양한 정보를 제공하는 기구이다.

3) 설립목적

① 유엔 사업이 올바르게 문서화되도록 한다.

② 기록들이 효과적이고 효율적으로 관리되도록 한다.

③ 유엔기록을 개발, 보존, 이용 가능토록 한다.

4) 사 명

유엔뿐 아니라 대중이 문서화한 유엔의 역사적기록을 용이하게 접근토록 하고, 만족할 수 있고 믿을 수 있는 기록을 유지하기 위한 지원을 제공한다.

5) 주요업무

- · ARMS는 유엔 기록관으로서의 가치 있는 기록을 유지 및 보존할 수 있도록 유엔 사무소의 기록관리를 통한 유엔 문서보존, 유엔직원들의 임무 기록화 평가방법 등의 모든 관련 사항을 담당한다.
- · ARMS는 다양한 서비스와 자원을 통해 유엔기록에 관한 직접적인 지원 및 지침을 제공한다.
- · ARMS은 뉴욕뿐 아니라 유엔의 다른 사무소들의 장서, 참고정보원, 보존 등과 관련한 기록관리 관련 모범사례 정보를 제공한다.
- · ARMS는 뉴욕뿐 아니라 세계의 다방면의 기록관리 서비스를 제공한다.
- · 기록관리에 있어서의 정보 구성, 조회 방법, 유지 등에 관한 최상의 노하우를 제공한다.

6) 프로젝트

ARMS는 유엔 내에서 다음의 세 가지 기록관련 프로젝트를 진행 중이다.

(1) 유엔기록및기록관리실무그룹(WGARM: United Nations Working Group on Archives and Records Management)

- · WGARM은 유엔 시스템 전반을 통해 정보를 공유하고 협조함으로써 기록 및 기록보존 관리 프로그램을 개발 및 장려하는 데 그 목적이 있다.
- · WGARM은 정보관리 노력의 일환으로써 문서보존(recordkeeping) 및 기록관이 갖추어야 할 정보 및 정보기술에 관한 기준을 준수한다.

· WGARM은 1997년 사무총장의 개혁 이니셔티브(Inititive) 이후로 활발히 진행되고 있다.

· 최근에는 'Common Services Task Force'에 의해 지원을 받고 있다.

· 본 프로젝트의 회원은 뉴욕 유엔본부, UNICEF, 유엔프로젝트담당사무소, UNDP, 유엔인구활동기금(UNFPA: UN Fund for Population Activities) 등의 대표들이다.

· WGARM은 기록평가(보유정책)와 디지털기록 개발을 위한 전략적 계획에 관한 프로젝트를 수행해 오고 있다.

(2) 유엔기업컨텐츠관리프로젝트(ECM: United Nations Enterprise Content Management Project)

· 유엔본부는 현재 모든 종류의 정보를 위한 단일적이고 통합된, 그러면서도 안전하고 종합적인 시스템을 통한 지식공유 및 정보관리 지원을 위한 기업 컨텐츠관리시스템 구축을 계획 중이다.

· 상술의 시스템은 전자문서 관리, 작업흐름(workflow), 웹 콘텐츠 관리, 웹포탈, 기록 및 기록관리, 디지털 자산 관리 및 협동기능(collaboration functionalities)을 제공할 예정이다.

· ARMS는 이 새로운 시스템이 문서보존(recordkeeping)의 모범사례가 되고 유엔에 합당하도록 하기 위해 문서보존 전문가를 배치하고 있다.

· ARMS는 적당한 유지스케줄 및 기능중심의 분류법의 개발을 감독할 예정이다.

(3) 개혁: 유엔정보로의향상된접근프로젝트(Reform: Improved Access to United Nations Information)

· 2006년 유엔사무총장의 개혁보고서 개요에 의하면 책임 및 투명성에 관한 모범사례에 따른 행정적 프로세스에 적합한 실행계획을 포함하고 있다.

· 상술의 계획과 ARMS와 직접적으로 관련된 사항으로는 유엔정보로의 향상된 접근을 의미한다.

· ARMS는 접근제고를 위하여 유엔기록으로의 접근에 관한 현 정책 평가, 안전한 분류법 적용 실행에 대한 평가, 유엔본부의 정보개방에 대한 실행요건 평가 등을 실행하고 있다.

② 정보원

1) 정보원배포정책

'Search Archives Database'에서 유엔의 모든 문서를 검색할 수 있다. 대표적인 리스트를 제공하고 있지는 않지만, 기본탐색(Basic Search)과 심층탐색(Advanced search)을 통해 원하는 정보를 검색할 수 있다. 'Photo Gallery'를 통해서 유엔의 구호활동과 관련한 각국의 영상기록을 열람할 수 있다. 'UN Records'에서는 ARMS와 관련한 지침서나 사용자 등록 등의 문서를 다운로드 받을 수 있다.

2) 유엔 문서관련 규정이나 안내서

유엔의 문서관련 규정이나 안내서의 대표적인 예는 다음과 같다.

- *UN Recordkeeping Elearning Programme*
- *UN Recordkeeping Toolkit for Peacekeeping Operations*
- *UN Recordkeeping Taxonomy*
- *UN Retention Schedules*
- *PORS(Peacekeeping Operations Retention Schedule)*
- *Retention Schedules by Department excluding peacekeeping operations*
- *Retention Schedules by Subject*
- *UN Recordkeeping Policies & Standards*
- *UN Glossary of Recordkeeping Terms*

ARSC
Association for Recorded Sound Collections
음향기록컬렉션협회

① 기 구

1) 소재사항

소재국가 미국

주   소 Peter Shambarger, Executive Director, ARSC P.O. Box 543, Annapolis,
MD 21404 - 0543 USA

전자우편 execdir@arsc - audio.org

홈페이지 http://www.arsc - audio.org

2) 성 격

음향기록컬렉션협회(ARSC)는 음향기록과 미디어에 관한 조사, 연구, 출판, 정보교
환을 중심으로 활동하는 비영리기구이다.

3) 설립연혁

ARSC는 영역을 초월하여 회원들의 관심과 이해관계를 반영하기 위하여 1996년에
설립된 기구이다. 매해 각 지역을 순회하며 컨퍼런스를 개최하여 관련 업무를 적극
적으로 수행하고 있다.

4) 설립목적

① 역사적 기록물의 보존 장려
② 연구조사 및 정보 보급과 교환
③ 문화유산 일부로서의 음향기록의 중요성에 대한 인식 촉진

5) 주요사업

① 출판사업
② 수상 및 장학금 제공
③ 컨퍼런스 개최
④ 음향미디어와 기록에 관한 개발 및 레코드분류에 관한 정보보급을 위한 포럼을 개최

6) 회 원

ARSC는 현재 23개국의 약 2천 명 이상의 회원을 보유한 기구이다. 회원은 수집가, 판매업자, 감정사, 기록전문가, 사서, 역사가, 음악가, 학생, 레코드수집가, 비평가, 미디어 제작가, 기록 엔지니어 등으로 구성되어 있다.

② 정보원

1) 정보원배포정책

'Publications'에서 ARSC의 출판사업의 결과물인 출판물의 목록을 검색할 수 있다. 'Publications'의 목록은 뉴스레터, 회보, 정기간행물로 구분되어 있다. 그 중 뉴스레터는 무료로 원문열람이 가능하며, 회보는 ARSC 활동에 대한 연간보고서로서 현

재 홈페이지지상에서는 제공되고 있지 않다. 그리고 정기간행물의 경우 기사색인이 제공되고 있으며, 원문은 전자우편으로 열람을 신청해야 한다.

2) 뉴스레터(Newsletter)

ARSC 활동관련 소식지이자 보고 자료로서 1999년의 86권부터 2007년의 113권까지 제공되고 있다.

3) 정기간행물(Journal)

정기간행물 기사의 원본 열람을 원한다면 별도의 구매신청서를 작성하거나 전자우편(shambarger@sprynet.com)으로 신청해야 한다. 홈페이지지상에서는 정기간행물 기사색인만을 열람할 수 있다. 'Find Index'를 통해 원하는 정기간행물 기사색인에 대한 키워드 검색도 가능하다. 기사색인을 살펴보면 서평(Book Reviews)자료와 음향기록 서평(Sound Recording Reviews) 또한 포함하고 있다. 대표적인 목록은 다음과 같다.

- *Book Reviews: "Capturing Sound: How Technology Has Changed Music" by Mark Katz*
- *Book Reviews: "The Talking Machine: An Illustrated Compendium (2nd ed.)" by Timothy C. Fabrizio and George F. Paul*
- *Sound Recording Reviews: Vivaldi: Twelve Concertos for Violin and Strings, op. 8, Concerto for Two Violins, RV*
- *Sound Recording Reviews: Cabaret Berlin: Review, Kabarett and Film Music Between the Wars*
- *Sound Recording Reviews in Brief*
- *Current Bibliography*
- *Compilation Licensing in the Music Industry*

- *Dialogue on "The Oldest Playable Recording"*
- *Book Reviews: "The Zonophone Record", Compiled by Ernie Bayly and Michael Kinnear*
- *Book Reviews: "The Gramophone Company's Persian Recordings, 1899 to 1934", "The Gramophone Company's Indian Recordings, 1908 to 1910", Compiled by Michael S. Kinnear*

4) ARSC 컨퍼런스

ARSC는 매해 개최하는 컨퍼런스에 대한 별도의 홈페이지를 구축하여 운영하고 있다. 2007년 현재 2002년(샌타바버라, 캘리포니아)부터 2007년(밀워키, 위스콘신)까지의 컨퍼런스 홈페이지에 대한 링크를 제공하고 있다. 각 홈페이지를 방문하여 당해년의 컨퍼런스에 대한 모든 내용을 검색·열람할 수 있다.

AsF
Archivists without Borders

AsF
Archivists without Borders
국경없는기록전문가

① 기 구

1) 소재사항

소재국가 스페인

주   소   Archiveros sin Fronteras(AsF) NIF: G－61898755, Núm. de registro:
21076 Passatge del Crèdit 7, 08002－Barcelona Spain

전   화   +93 301 20 34

전자우편   arxiverssf@yahoo.com

홈페이지   http://www.arxivers.org/en/index.php

2) 성 격

국경없는기록전문가(AsF)는 전세계 서로 다른 성격의 비정부기구가 연합하여 기록
전문가들이 굉장한 양의 작은 노력들을 모으기 위한 단체이다.

3) 설립연혁

AsF는 기록전문가 단체의 요청에 의해 1998년에 바르셀로나(Barcelona)에서 설립
되었다.

4) 조   직

AsF의 조직은 총회(General Assembly)와 위원회(Board Management)로 구성된다.

(1) 총회(General Assembly)

AsF의 최고의사결정기관으로서 관련된 주요 결정을 한다.

(2) 위원회(Board Management)

AsF의 관리조직기관으로서 결정을 이행하는 역할을 하고 실무그룹(working group) 결성과 프로젝트 활동 승인 등을 담당한다.

5) 프로젝트

AsF는 다양한 프로젝트를 계획 및 추진하고 있으며, 그 내용은 다음과 같다.

① 최근에 수행된 프로젝트

- 니아메 개발기록에 관한 최초 연구
- 바르셀로나 쿠페라(Barcelona Coopera) 프로젝트

② 진행 중인 프로젝트

- 보스니아 헤르체코비나 프로젝트
- Bishop Pere Casaldáliga 프로젝트
- 엘살바도르 프로젝트
- 쿠르드족 구술기록(Oral History) 프로젝트

③ 2005년 프로젝트

- 억압의 시기에 관한 기록 관련 프로젝트
- 예닌의 지방자치 기록 관련 프로젝트
- CPT(Comisión Pastoral de la Tierra) 직원을 위한 교육 워크숍

- 페스의 억압의 시기에 관한 기록 관련 프로젝트

6) 관련 단체

① 기록결속(CA-SPA: Chival Solidarity)
② 바르셀로나전문가, 지식인, 예술가협회(APIPA: Sociation of Professionals, Intellectuals and Artists of Barcelona)
③ 정보로의 접근 권리에 관한 실무작업단
④ 국제아카이브스협의회(ICA)

② 정보원

1) 정보원배포정책

'Publications', 'Documents', 'News', 그리고 'Project'에서 AsF에 관한 보고서, 문서 및 보도자료가 제정되어 있어 자유롭게 열람할 수 있다. 스페인어 기반의 기구 성격상 일부 정보자료만이 영어로 제공되고, 대부분 스페인어로 제공되고 있는 단점이 있다.

2) 출판물(Publications)

제목과는 달리 출판물이 아닌 AsF의 워크숍, 프로젝트의 보고서 형식의 문서를 열람할 수 있다. 각 문서는 '회보(Bulletin)'의 제목으로 주제나 항목의 구별 없이 제공된다. 6개월에 한 번 출간되며, 시리즈 중 마지막 네 개는 스페인어로만 제공이 된다.

Bulletin 1 ~ 5
Bulletin 6 ~ 9(스페인어)

3) 도큐먼트(Documents)

AsF의 협의서(Agreements)와 연간보고서(Annual Reports), 활동보고서(Summary of Activities) 등을 제공하고 있다. AsF 연간보고서와 활동보고서 이외의 자료는 스페인어로 제공되고 있다. 대표적인 목록은 다음과 같다.

- *Agreements*
  AsF 관련 합의서 자료이다.
- *Annual Report 1998~2004*
  AsF의 연간보고서 자료이다.
- *말라보 논설(Malabo Article)*
- *협력을 위한 법령(Statute of the cooperator)*
- *Summary of Activities 1998~2002*
  AsF의 활동보고서 자료이다.

4) 보도자료(News)

이는 AsF의 보도자료들로서 모든 자료가 스페인어로 제공되고 있다.

5) 프로젝트(Projects)

AsF 프로젝트의 보고서를 워드파일로 제공하고 있다. 스페인어로만 제공되는 보고서는 별기하고 있다.

- *Research Questionnaire for Archives and Document Collections*
- *El Salvador*(스페인어)
- *Aid Workers Questionnaire*
- *Oral History Political Refugees Guinea Ecuatorial*(스페인어)
- *Manual of Management of Cooperation Projects*(스페인어)

- *Oral History Refugees Kurdistan*
- *Malabo Island's Archives*(스페인어)
- *Oral History Ché Guevara*(스페인어)
- *Classrooms of Computer Science in Malabo and Bata*(스페인어)
- *Bosnia - Herzegovina - 2nd Phase*(스페인어)
- *Bosnia - Herzegovina - 1st Phase*(스페인어)
- *Casals Catalans*
- *Bishop Casaldàliga*(스페인어)
- *City Council of Fez*(스페인어)
- *Barcelona Coopera*

BAAC

Baltic Audiovisual Archival Council

발트해연안국시청각기록협의회

① 기 구

1) 소재사항

소재국가 에스토니아

주   소 Vanemuise 42, Tartu 51003 Estonia

전   화 +372 7377 724

팩   스 +372 7377 706

전자우편   aldis.putelis@gmail.com

홈페이지   http://www.baacouncil.org

2) 성 격

발트해연안국시청각기록협의회(BAAC)는 다양한 기록의 종류 중 시청각기록 관련 비정부 독립기구이다. 역사적으로 가치 있는 시청각 컬렉션들의 유지를 제고하고 책임지기 위해 활동한다.

3) 설립연혁

BAAC는 발트해연안국 및 스칸디나비아국가들 중 시청각 자료의 컬렉션을 소유하고 있는 공공기록관과 민간기록관 그리고 방송과 TV 기록관, 도서관 및 박물관 간의 협조를 장려하기 위해 2005년 10월 자발적 협회로 설립되었다. 2004년 라트비아(Latvia)의 리거(Riga)에서의 세미나를 거쳐 설립된 이후 매해 세미나를 개최하여 각종 시청각기록 및 자료 관련 문제를 논의하고 있다. 2007년에는 리투아니아(Lithuania)의 빌니우스(Vilnius)에서 세미나를 개최하였다.

4) 설립목적

① 시청각 기록관련 정보, 아이디어, 원조를 교환하기 위한 정기적인 수단제공
② 중요한 교육, 역사, 문화자료로서 영상이미지 이용과 보존에 관한 대중인식과 관심 장려
③ 영상이미지 기록전문가, 사서, 다큐멘탈리스트의 교육적이고 전문적 개발 지원
④ 영상이미지관련 기록에 관한 연구조사 격려 및 촉진
⑤ 지역 세미나, 회의, 워크숍 개최
⑥ 차세대 영상이미지 사서 및 다큐멘탈리스트 교육 및 양성을 촉진하기 위한 장학금, 프로젝트, 파트너십, 인턴쉽 프로그램 형성
⑦ 기록전문가 업무 존중

5) 회 원

BAAC의 회원자격은 지리학적 지역을 기본적인 기준으로 하고 있으면서, 그의 시청각기록에 관심 있는 개인과 학회 또는 법인에게도 개방되어 있다. 지리학적 기준은 발트해연안국인 벨라루스(Belarus), 에스토니아(Estonia), 라트비아(Latvia), 리투아니아(Lithuania)와 스칸디나비아국가인 덴마크(Denmark), 핀란드(Finland), 아이스랜드(Iceland), 노르웨이(Norway), 스웨덴(Sweden)을 포함한다. BAAC의 개인과 학회 및 후원 회원은 다음과 같다.

(1) 개인 일반회원

- Kristīne Pabērza(State Agency Culture Information Systems)
- Nora Vojevodska(Latvian Television)
- Reet Harkmaa(Estonian Television)
- Eha Väinsalu(Estonian Television)
- Sulev Sepp(Multiservice Network)
- Ivi Tomingas(Estonian Filmarchives)
- Gunnel Jönsson(Swedish Radio, IASA)
- David Jacobs(Hoover Institution Archives, Stanford University, USA)
- Maira Dudareva(Newspaper *Diena*)

(2) 학회회원

- 에스토니아의 Estonian Literary Museum
- 노르웨이의 Norwegian Broadcasting Corporation
- 스웨덴의 Swedish Television
- 스웨덴의 National Archive of Recorded Sound and Moving Images
- 노르웨이의 TV2
- 핀란드의 Yleisradio
- 노르웨이의 Norges Lexi

- 스웨덴의 Ardeno AB
- 라트비아의 Occupation Museum Association of Latvia
- 에스토니아의 Estonian Television
- 에스토니아의 Kumu Art Museum

(3) 후원회원

FIAT/IFTA(International Federation of Television Archives)

6) 주요사업

BAAC는 발트해연안국과 스칸디나비아 국가들 중 시청각기록과 자료의 컬렉션이 있는 공공기록관과 민간기록관, 방송 및 텔레비전 기록관, 도서관 및 박물관 간의 협력을 도모하는 등의 활동을 한다.

② 정보원

1) 정보원배포정책

'Annual Report'와 'Documents'에서 BAAC 관련 보고서 및 회의 발표자료 등을 열람할 수 있다. 또한 유용한 국제기록 관련 기구의 링크도 제공한다.

2) 연간보고서(Annual Report)

다음과 같은 세미나 및 회의 보고서를 열람할 수 있다.

- *The Riga Seminar 2005 at Latvian Television: "Pan-Baltic Images: Reaching Out To The World"*

- *Meeting in Riga at Latvian Television*
- *Board meetings in Stockholm at the Estonian Embassy and Swedish Television*
- *Board meeting in Riga at Latvian Television*
- *Riga Seminar 2006 "Audiovisual Archives: Access and Service in the Public Interest"*

3) 도큐먼트(Documents)

도큐먼트 부분에서는 주로 BAAC의 각종 회의의 발표자료를 제공하고 있다. 2004년부터 2007년까지의 회의발표자료가 제공되고 있으며, 그 중 2007년 리투아니아(Lithuania)의 빌니우스(Vilnius)와 2006년 라트비아(Latvia)의 수도 리거(Liga)에서 개최된 회의 발표자료는 다음과 같다.

① 2007 빌니우스 세미나(Vilnius seminar) 자료

- *Lithuania: Political Issues Year 1990. The Aim: Content Description of Transmitted TV Programmes. Some Issues and Questions*
- *Facts and Fiction: Historical Events and Television and Film Productions*

② 2007 리거 세미나(Rīga seminar) 자료

- *How to Retain the Balance? Archives of Latvian Folklore in the Digital Age*
- *Preservation of Film and Video Archives*
- *Setting up a Migration Farm*
- *Media Asset Management*
- *Literature on the Internet: Estonian Resources*
- *Archival Materials used for Educational Purposes: Ideas and Presentations of Products Made for Education/ Schools*
- *Creating a Wider Access to Museum Archives: Presentation of the Web*
- *Page Dedicated to the Lithuanian Scenographer Liudas Truikys*
- *The Nordic News Exchange EBU: The Baltic Countries*

CE-LAD
Council of Europe, Library and Archives Division
유럽의회도서관 · 기록국

① 기 구

1) 소재사항

소재국가 프랑스

주   소 55, avenue Kléber, F - 75784 Paris Cedex 16, Paris France

전   화 +33 1 44 05 33 60

팩   스 +33 1 47 27 36 47

전자우편 bureau.paris@coe.int

홈페이지 http://www.coe.int/t/e/com/library_archives

2) 성 격

유럽의회도서관 · 기록국은 'The Giuseppe Vedovato Library'와 'Archives'로 나뉘어 운영되고 있으며, 유럽 내 47개 회원국에게 관련 간행물과 공식 문헌을 제공하고 있는 국제적 성격의 기관이다.

3) 설립연혁

유럽의회는 1949년에 설립되어 인권에관한유럽협정(European Convention on Human Rights)에 의거한 유럽 전반에 걸친 민주적이며 공통적인 개발을 추구하고 있다.

4) 설립목적

유럽의회도서관·기록국의 'The Giuseppe Vedovato Library'의 설립목적은 적시에 정확한 정보를 제공하는데 있다.

5) 회원국

유럽의회는 유럽 내 총 47개국의 회원국을 두고 있다. 그 외에 벨라루스를 'guest 상태 회원'으로 두고 있고, 미국, 캐나다, 일본, 멕시코가 '옵서버 국가'로 참여하고 있다. 유럽의회도서관·기록국에서는 다음과 같은 회원국에게 도서관 및 기록물 (Archives) 목록을 제공하고 있다.

- ARCHIVES: Council of Europe Archives
- CENTRAL & VEDOVATO: Giuseppe Vedovato Library
- CID‐BN: Information Office in Sarajevo, Bosnia and Herzegovina
- CID‐SK: Information Office in Bratislava, Slovakia
- CP: Cultural Policies Collection
- DE‐CENTRAL: Documentation Centres
- EG: Equality Man and Women
- MM: Mass Media
- RI: Racism and Intolerance
- DIGITAL: E‐Library
- ECRI: Documentation Centre against Racism and Intolerance
- EDQM: European Directorate for the Quality of Medecines
- EYC: European Youth Centre, Strasbourg
- EYCB: European Youth Centre, Budapest
- HR‐LIB: Library of the European Court of Human Rights
- MIGRATION: Migration Documentation Centre
- LISBON: North‐South Documentation Centre, Lisbon

- POINT I: Infopoint

② 정보원

1) 정보원배포정책

'The Giuseppe Vedovato Library'와 'Archives'로 나뉘어 간행물 외에도 공식 문헌
등의 목록을 제공하고 있다. 목록 열람 외에 온라인으로 원문 열람이 가능한 자료
는 극히 제한되어 있다.

2) 도서관(The Giuseppe Vedovato Library)의 정보원

다음과 같은 정보를 보유하고 있으며, 인터넷상에서 열람할 수 있는 내용은 극히
제한되어 있다.

(1) 도서 및 정기간행물(Books and periodicals)

현재 총 6만여 건의 도서와 4백여 건의 정기간행물을 소장하고 있다. 주요 주
제는 법, 정치, 경제, 사회 그리고 환경과 교육이다.

(2) 도서관 장서(Vedovato library collection)

Vedovato 도서관은 3만건 이상의 도서, 82건의 정기간행물, 유럽과 아프리카
중심의 20세기 관련 1,050건의 미완성 정기간행물을 소장하고 있다.

(3) UN, OECD, EU 등의 국제기구에서 기부한 도서

(4) References

외국어사전, 전문사전, 백과사전 등

(5) Xreferplus

이는 'Digital Reference Library'라 일컬으며, 사전과 백과사전, 그리고 용어사전 등을 온라인으로 이용할 수 있다. 사전과 백과사전의 경우 홈페이지(http://www.xreferplus.com/tours/tours.jsp)를 통하여 이용가능하며, 사용안내서의 경우 PDF로 제공하고 있다.

(6) 유럽의회 출판물(Council of Europe publications)

(7) 유럽의회 관련문서(Council of Europe documents)

3) 기록물(Archives)

유럽의회의 기록물은 다음과 같은 15개의 주제별로 나뉘어 있다.

- Thematic Historical Files(1948~1980)
  3천여 건의 파일을 소유하고 있다. 홈페이지상에서 샘플을 제공하고 있어 일부 자료의 경우 온라인으로 열람가능하다.
- Referenced Documents(1949~)
  유럽의회의 공식 문서를 제공한다.
- Private Office(1949~)
  사무총장의 연설문 등에 대한 자료를 제공한다.
- Committee of Ministers(1949~)
  장관들의 연설문, 주제별 파일들을 제공하고 있다.
- Parliamentary Assembly(1949~)
  총회자료를 제공한다.
- CLRAE(1958~)
  - Conference of Local and Regional Authorities of Europe(1958~1992)

- Congress of Local and Regional Authorities of Europe(1993~)
- DGI(1949~): Directorate General of Legal Affairs
  유럽의회의 조약/협정문, 주제별 파일, 서신내용 등을 제공한다.
- DGII(1949~): Directorate General of Human Rights
  정부 간 인권관련 활동, 유럽사회헌장(European Social Charter), 남녀평등과 관련된 내용을 제공한다.
- DGIII(1949~): Directorate General of Social Cohesion
  사회, 건강, 이민, 유럽의회개발은행(Development Bank of the Council of Europe) 등에 대한 내용을 제공한다.
- DGIV(1949~): Directorate General of Education, Culture and Heritage, Youth and Sports
  환경과 관련된 내용을 수록하고 있다.
- DSAP: Directorate General of Political Affairs
- DSP: Directorate of Strategic Planning
- DGAL: Directorate General of Administration
- DCR: Directorate of Communication and Research
- Internal Audit

EBLIDA

European Bureau of Library, Information and Documentation Associations

도서관 · 정보 · 도큐멘테이션협회유럽지부

① 기 구

1) 소재사항

소재국가   네덜란드

주   소   PO Box 16359, NL－2500 BJ The Hague The Netherlands

전   화   +31 70 309 05 51

팩   스   +31 70 309 05 58

전자우편   eblida@debibliotheken.nl

홈페이지   http://www.eblida.org

2) 성 격

도서관 · 정보 · 도큐멘테이션협회유럽지부(EBLIDA)는 유럽의 국가도서관, 정보, 도큐멘테이션, 그리고 기록관협회 및 기관들의 연합구조의 성격을 갖는 독립적인 협회이다. EBLIDA는 국제 비정부협회로서 도서관 및 정보과학 직업의 관심사를 중심으로 활동한다.

3) 설립연혁

EBLIDA는 네덜란드협회법(Dutch Association Law)에 의거하여 1992년 6월 13일
에 설립되었으며, 네덜란드 헤이그에 자리하고 있다.

4) 설립목적

① 회원들 간의 공통 관심사와 관련된 문제에 관하여 상담 제공
② 회원과 다른 관련자들 간의 커뮤니케이션 채널로써 활동
③ 유럽과 관련된 도서관 및 정보과학 직업의 대표자로서 활동
④ 유럽 내 도서관 및 정보과학 직업, 그리고 관련 기관 및 전문활동가들의 관심 촉진

5) 사 명

EBLIDA는 모든 사람이 정보사회의 이점을 누리도록 보장하기 위하여 다음과 같은
사명을 수행한다.

① 본국인 네덜란드와 유럽전역의 도서관 및 정보와 관련한 법률 및 행정 관련 문
제에 활발히 참여
② 평생학습을 포함한 공식적이거나 비공식적인 모든 단계에서의 교육 지원
③ 접근 가능한 문화 및 문화다양성 조성 및 보존 보장
④ 공개접근(Open Access) 및 기관기탁소(Institutional Repositories) 영역의 과학적
이고 기술적인 개발 지원

6) 조 직

EBLIDA의 운영조직은 협의회(Council)와 운영본부(Secretariat), 그리고 세 종류의
위원회(Commottee)로 구성되어 있다. 그 중 위원회는 다음과 같다.
 · 집행위원회(Executive Committee)

· 상임위원회(Standing Committees)
· 임시위원회(Ad hoc Committees)

7) 회 원

EBLIDA의 회원은 크게 정회원(full member)과 준회원(associate member)으로 나뉜다. 회원의 구성과 투표권은 다음과 같다.

① 구성. 정회원은 유럽연합(EU: European Union) 회원 국가의 도서관 관련 전문협회들로 구성되고, 준회원은 유럽연합 회원국이 아닌 유럽 내 국가들의 관련 기구들로 구성된다.
② 투표권. 정회원은 협의회의 투표권이 있으며, 준회원은 투표권은 없으나 협의회에 참석할 수는 있다.

8) 주요사업

① EBLIDA 회원들의 의견을 유럽위원회(European Commission)와 유럽의회(European Parliament) 그리고 유럽커뮤니티의 기구들에 전달 및 커뮤니케이션 담당
② EBLIDA의 목적과 관련된 모든 정보 수집 및 회원들에게 정보 제공
③ EBLIDA의 운영조직과 회원들 간의 상담 및 토론을 위한 효과적인 커뮤니케이션 과정 수립 및 유지
④ 유럽기관들로부터 질문 등이 요청되었을 때 적절히 답변
⑤ 공동의 관심사에 대해 비정부기구와 관련 기구 및 정부와의 협력
⑥ 그 외에 EBLIDA의 목적에 부합하는 합법적인 활동

② 정보원

1) 정보원배포정책

'Document Archive'에서 보도자료 및 논문 그리고 보고서와 같은 정보를 열람할 수 있다. 'Publications'을 통해서는 EBLIDA의 출판물을 검색 가능하며, 홈페이지 상에서 총회보고서(Annual Report) 및 전략보고서를 열람할 수 있다. 모든 자료는 무료로 원문열람이 가능하다.

2) 보도자료

'EBLIDA News'와 'Press Releases'로 구분되어 있다.

(1) 보도자료(EBLIDA News)

1998년부터의 협회관련 보도자료를 월별로 정리하여 정보를 제공한다.

(2) 성명서(Press Releases)

다음과 같은 정보가 제공된다.

- *EBLIDA Elects New President for 2007~2009, May 2007*
- *EBLIDA Elects New Executive Committee 2007~2009*
- *Press Release 25. October 2006*
- *Press Release 27. March 2006*
- *Press Release 16. January 2005*

3) 제안서(Position Paper)

2007년 8월 다음과 같은 분야관련 제안서가 제공되고 있다.

(1) 지식재산권 및 저작권(IPR & Copyright)

1993년부터 2005년까지의 관련자료를 제공하고 있다.

(2) 무역과 도서관(Trade and Libraries)

2002년과 2003년까지의 관련자료를 제공하고 있다.

(3) 전문교육(Professional Education)

(4) 평생학습(Life Long Learning)

2001년까지의 관련자료를 제공하고 있다.

(5) 그 밖의 다른 관련부문

1994년부터 2005년까지의 자료를 제공하고 있다.

4) 집행위원회(Executive Committee) 보고서

2000년 5월 스페인 마드리드(Madrid)에서부터 2007년 3월 포르투갈의 코임브라 (Coimbra)에서 개최된 집행위원회의 회의보고서가 홈페이지에 탑재되어 있다.

5) 협의회(Council) 보고서

2002년 5월 네덜란드 헤이그(Hague)에서부터 2005년 5월 아일랜드의 콕(Cork)에서 개최된 협의회 회의보고서가 홈페이지에 탑재되어 있다.

6) 출판물(Publications)

- *Licensing Digital Resources*: *How to Avoid the Legal Pitfalls*

European Commission on Preservation and Access

ECPA
European Commission on Preservation and Access
유럽기록보존및접근위원회

1 기 구

1) 소재사항

소재국가 네덜란드

주   소 Royal Netherlands Academy of Arts and Sciences Kloveniersburgwal 29
         P.O. Box 19121 NL - 1000 GC Amsterdam The Netherlands

전   화 +31 20 551 08 39

팩   스 +31 20 620 49 41

전자우편 ecpa@bureau.knaw.nl

홈페이지 http://www.knaw.nl/ecpa

2) 성 격

유럽기록보존및접근위원회(ECPA)는 유럽 내 기록관 및 도서관의 장서에 대하여 이
용자가 항상 용이하게 접근할 수 있도록 봉사하는 네덜란드 암스테르담에 위치한
비영리 단체이다.

3) 설립연혁

ECPA는 1994년 유럽지역의 기록관 및 도서관에 항상 접근 가능한 장서를 유지토

록 촉진활동을 추진하기 위해 설립되었다. 1998년 과학자문위원회를 설립하여 기록의 과학적 보존관련 출판 등 사업에 대한 조언 등의 방법으로 돕고 있다.

4) 설립목적

도서, 문서, 사진, 필름, 테이프, 디스크 등은 훼손과 부패 등의 위험에 처하기 마련이다. 디지털 혁신으로 인해 이러한 문제들을 해결하고, 미래세대도 기록유산을 이용 가능할 수 있도록 보존법을 개발하는 것을 주요활동으로 삼고 있다. 설립목적은 다음과 같다.
① 정책입안가들, 기금관리자, 이용자들의 문서보존에 대한 공적인 인식제고
② 지식과 경험의 공유 및 교환 촉진
③ 기금마련
④ 영향력 있는 프로그램 개발

5) 조 직

(1) 본부

ECPA의 본부는 암스테르담에 위치한 네덜란드 국립예술과학아카데미에 위치해 있고, 의장은 현 아카데미 총수로 있는 드렌쓰(Pieter J.D. Drenth) 교수이다.

(2) 과학자문위원회

1998년 과학자문위원회(SAC: Scientific Advisory Committee)를 설립하였으며, 본 위원회를 통하여 ECPA의 보존과학 영역과 관련하여 출판에 관한 조언을 해오고 있다.

6) 회 원

· 회원위원회는 대학, 학술원, 도서관, 기록관, 그리고 세계출판(the world of

publishing)의 다섯 부류의 관계자들로 이루어져 있다. 이들은 모두 보존 및 접근에 관한 문제와 관련한 유럽의 학자들 및 전문가들로 구성되어 있다.

· ECPA는 또한 유럽 내 정부기구 및 비정부기구, 그리고 워싱턴에 위치한 미국 보존위원회(US Commission on Preservation and Access)와 긴밀한 관계를 유지한다.

7) 주요활동

ECPA는 다섯 가지 항목을 기준으로 하여 활동을 하고 있으며, 다음과 같다.
① 전문가(specialists)를 위한 정보제공
② 좀더 많은 대중을 위한 정보제공
③ 전문가들 사이 네트워킹 제공으로 상담 및 중개 역할
④ 토의, 의견 및 교육 교환
⑤ 연구조사 및 개발사업

8) 관련 프로젝트

ECPA는 다양한 관련 프로젝트 및 활동을 전개하고 있으며 다음과 같다.

(1) SEPIA(Safeguarding European Photographic Images for Access) Project

사진기록과 컬렉션의 보존에 기여하기 위하여 개발된 프로젝트이다.
홈페이지: http://www.knaw.nl/ecpa/sepia

(2) 유럽 보존맵(Preservation Map of Europe)

유럽의 보존활동에 관한 대규모 창고라고 할 수 있다. 이곳에서는 유럽 내 41개국의 국가정책, 기구 및 학회/협회, 프로젝트에 관한 정보를 찾아볼 수 있도록 데이터를 제공한다.
홈페이지: http://www.knaw.nl/ecpa/map/index.html

(3) 잉크부식 사이트(Ink Corrosion Site)

ECPA와 파트너관계에 있는 잉크부식 관련 홈페이지이다. 이는 다량의 출판목록, 논문, 링크들을 제공하고 있다.
홈페이지: http://www.knaw.nl/ecpa/ink

(4) GRIP(Gateway for Resources and Information on Preservation)

다큐멘터리 유산의 보존에 관한 정보와 데이터베이스 등을 검색할 수 있다.
홈페이지: http://www.knaw.nl/ecpa/grip

(5) TAPE(Training for Audiovisual Preservation in Europe) Project

영화비디오와 오디오의 영상기록과 컬렉션 보존에 기여하기 위한 프로젝트이다.
홈페이지: http://www.tape-online.net

(6) 훼손사례(Virtual Exhibition of the Ravages of Dust, Water, Moulds, Fungi, Bookworms and other Pests)

자료들이 도서관이나 기록관에서 제대로 관리 보존되지 않았을 때 어떤 일이 생길 수 있는지에 관한 사례들을 보여주는 곳이다.
홈페이지: http://www.knaw.nl/ecpa/expo.htm

② 정보원

1) 정보원배포정책

'Publications'와 'News & Resources'에 출판물, 보도자료, 온라인자료 등이 탑재되어 있으며, 대부분의 자료가 무료로 열람 가능하다. 출판물의 경우 필요하다면 전자우편을 통하여 주문·구매할 수 있다.

2) 출판물(Publications)

다음 목록은 ECPA에서 발행한 대표 출판물들이며, 전자우편을 통해 직접 구매도 가능하다.

(1) 논문(Papers)

컨퍼런스 등에서 발표된 단편 논문들로 다음과 같다.

- *Towards Open Access in Europe*
- *Venture out into the Open. Towards a New Environment for Academic Publishing*
- *Long Term Access to the Digital World. From Journal to Web*
- *Keeping Things That Work Preservation Aspects of Digitization*
- *Looking at Photographs: The Image or the Object*
- *Digitization and Microfilming as Choices in Preservation*
- *UNESCO Discussion Paper on Digital Preservation*
- *Preservation of Inkjet Hardcopies, an Investigation*

(2) 출판물과 보고서(ECPA Publications/ECPA Reports)

ECPA에서 발간하는 출판물 또는 보고서류로서 다음과 같다.

- *Implementing Persistent Identifiers: Overview of Concepts, Guidelines and Recommendations*
- *European Commission on Preservation and Access: Biennial Report 2003 ~ 2004*
- *SEPIADES. Cataloguing Photographic Collections*
- *European Commission on Preservation and Access: Biennial Report 2001 ~ 2002*

- *Preservation Science Survey: An Overview of Recent Developments in Research on the Conservation of Selected Analog Library and Archival Materials*
- *Preservation Management: Between Policy and Practice*
- *Rate of Paper Degradation: The Predictive Value of Artificial Aging Tests*
- *In the Picture: Preservation and Digitisation of European Photographic Collections*
- *Avoiding Technological Quicksand: Finding a Viable Technical Foundation for Digital Preservation*
- *Computerization of the Archivo General de Indias: Strategies and Results*
- *Selecting Research Collections for Digitization*
- *Digitizing Historical Pictorial Collections for the Internet*
- *Digitisation as a Method of Preservation?*
- *Choosing to Preserve, Towards a Cooperative Strategy for Long-term Access to the Intellectual Heritage*
- *Preservation Challenges in a Changing Political Climate, A Report from Russia*
- *Mass Deacidification, An Update of Possibilities and Limitations*
- *European Register of Microfilm Masters, Supporting International Cooperation*

(3) RAMP 연구보고서(RAMP Studies)

RAMP(Records and Archives Management Programme)에서 발간하는 연구보고서로서 ECPA에서 제공되는 것은 다음과 같다.

- *Guidelines on Best Practices in Basic Collection Management for Non-professional Staff and on the Organization of Training Courses: A RAMP Study*

- *The Education of Staff and Users for the Proper Handling and Care of Archival Materials: A RAMP Study with Guidelines*
- *Guidelines on Preservation and Conservation Policies in the Archives and Libraries Heritage*
- *Selected Guidelines for the Management of Records and Archives: A Ramp Reader*
- *Review of Training Needs in Preservation and Conservation*
- *Study on Mass Conservation Techniques for Treatment of Library and Archives Material*
- *Planning, Equipping and Staffing an Archival Preservation and Conservation Service: A RAMP Study with Guidelines*
- *Study on Integrated Pest Management for Libraries and Archives*
- *Impact of Environmental Pollution on the Preservation of Archives and Records: A RAMP Study*
- *Traditional Restoration Techniques: A RAMP Study*
- *Methods of Evaluation to Determine the Preservation Needs in Libraries and Archives: A RAMP Study with Guidelines*
- *Disaster Planning: Preparedness and Recovery for Libraries and Archives*
- *Preservation and Conservation of Library and Archival Documents*
- *Vacuum Freeze-Drying, a Method Used to Salvage Water-Damaged Archival and Library Materials: A RAMP Study*
- *The Preservation and Restoration of Paper Records and Books: A RAMP Study with Guidelines*
- *Archival Services and the Concept of the User: A RAMP Study*
- *The Preservation and Restoration of Photographic Materials in Archives and Libraries: A RAMP Study with Guidelines*

3) 보도자료 및 자원(News & Resources)

ECPA의 관련보도 내용뿐 아니라 새로 나온 출판물도 소개한다. 최근의 보도자료
는 다음과 같다.

- *EC Awards EUR 300,000 Contract to Develop International Information Management Standard MoReq2*
- *Petition to the European Commission for Guaranteed Public Access to Publicly -Funded Research Results*
- *Master Digital Librarianship*
- *CERL and ECPA Publish Report that Explains Persistent Identifier Schemes*
- *The IFLA UNESCO Internet Manifesto Guidelines Published*
- *UNESCO and US Library of Congress Host Meeting on World Digital Library Project*
- *European Digital Library Publishes Interim Report*

GA
General Assembly
유엔총회

① 기 구

1) 소재사항

소재국가 미국

주   소 General Assembly United Nations, New York, NY, 10017 USA

전   화 212 963 7555

팩   스 212 963 3301

홈페이지 http://www.un.org/ga/59/index.html

2) 설립연혁

유엔총회는 1945년 유엔 헌장에 근거하여 설립되었다.

3) 설립목적

1945년 유엔헌장에 따라 유엔의 주요 기관으로 설립되었다. 다국간 교류의 장인 동시에 국제 문제들을 논의하는 장소로서 역할을 하는 국제적 기구로서 191개국이 회원국으로 가입해 있다.

4) 주요임무

헌장 범위 안에서 모든 문제를 토의하고 이를 회원국이나 안전보장이사회에 권고

하며, 신규가입 심의를 하는 것이 주요 임무이다.

5) 조 직

유엔(UN)의 전체 가맹국으로 구성되는 최고의사결정기관이다. 유엔총회는 전 회원국으로 구성되며, 각 나라는 5명 이하의 대표를 파견할 수 있으나 투표권은 1국 1표 주의를 택하고 있다.

(1) 총 회

정기총회는 매년 9월 셋째 화요일에 열린다. 총회 의장은 회기마다 선출하고 특별총회나 긴급총회는 필요에 따라 안전보장이사회나 총회 과반수의 요청으로 사무총장이 소집한다. 총회의 보조기구로는 주요위원회·운영위원회·상설위원회·중간위원회·특별위원회·보조위원회 등이 있다.

(2) 주요위원회

주요 위원회는 전 회원국 대표로 구성된다. 구체적으로 정치·안전보장·군축·경제·사회·인권·문화·신탁통치·비자치지역·행정·재정·법률·특별정치위원회 등 7개로 구성된다.

(3) 일반위원회

운영위원회 가운데 일반위원회는 총회 의장과 21인의 부의장 및 7개 주요위원회 위원장 등 총 29인으로 구성되어 가의제를 채택하여 총회에 상정한다.

(4) 신탁위원회

신탁위원회는 총회 의장이 임명하는 위원들로 구성되어 회원국 대표의 신임장을 심사한다.

(5) 상설위원회

상설위원회는 총회에서 임명되는 16인의 전문가로 구성되며 임기는 3년이다.

(6) 기 타

그 밖의 위원회는 필요에 따라 총회에 의해 설치된다.

6) 주요 사업

중요 안건 사항으로는 국제평화 및 안전에 관한 권고, 안전보장이사회 비상임이사국 선출, 경제사회이사회와 신탁통치이사회 이사국 선출, 유엔 신규가입, 회원국의 권리·특권 정지, 회원국 제명, 신탁통치제도 운영문제 및 예산문제 등이 있다.

② 정보원

1) 정보원배포정책

유엔총회가 발행하는 대표 정보원인 결의안을 비롯하여 보도자료, 회의 문헌 등의 다양하고 방대한 양의 정보원을 체계적으로 정리하여 홈페이지를 통하여 무료로 제공하고 있다.

2) 정보자료

(1) 결의안(Resolutions)

GA 홈페이지의 'Resolutions'란 또는 'Documentation'란의 'Resolutions'란을 보면 1946년 첫 총회부터 현재까지 정기 총회 결의안의 PDF 파일 원문과 주제, 일자 등의 정보를 찾을 수 있다. 현재 'Resolutions' 첫 페이지는 59회 정기총회에서 통과된 결의안 목록이 결의안 번호 역순(최근 순서)으로 정렬되어 있으며, 이전 결의안들은 'Other General Assembly Sessions'를 클릭하면 정기총회별로 결의안을 검색하여 볼 수 있다.

(2) 도큐멘테이션(Documentations)

① Daily List

그날 그날의 유엔 총회 공식 일정, 발간되는 문헌, 회의 경과 등을 알려주는 안내서이다. PDF 파일로 되어 있으며 매일 갱신된다.

② Session Documents

정기총회 회의록으로, 주요 관심분야 동향 분석, 산하 조직의 보고, 인사, 평가 등 총회가 정기적으로 발행하는 회의문서이다. 정기총회별로 분류되어 있으며, 회의 순서에 따라 부분적으로 클릭하여 원하는 명제를 찾아볼 수 있다. 현재 55회 정기총회부터 60회까지 홈페이지에 'Session Documents'가 제공되고 있다.

③ Verbatim Records

축어적 보고, 즉 회의 내용을 그대로 전사한 기록(records)이다. 홈페이지에는 55회부터 59회 정기총회에서 이루어진 회의들의 축어적 보고가 제공되고 있다.

④ Resolutions

이는 상기와 같다.

⑤ Landmark Documents

1946년 제1회 정기총회부터 현재까지 기념비적인 선언, 결의안 채택 등 역사적 순간관련 도큐먼트(documents)를 정리해 놓았다. 영어, 불어, 스페인어, 중국어 등 네 가지 언어로 제공된다.

⑥ Search Press Releases

UN 총회의 보도자료들을 검색할 수 있다. 당일이나 최신 보도자료는 기사별로 클릭하여 바로 볼 수 있다. 지난 보도자료는 키워드, 일자, 주제 등으로 검색하여 찾아 볼 수 있다.

(3) 도서관정보원(Library Tools)

① Document Alert

United Nations Dag Hammarskjöld Library가 최근 발행된 중요한 도큐먼트에 알기 쉬운 주석을 달아 제공하는 목록 서비스이다. 발행일이나 유엔 문헌번호별로 구분해서 목록을 볼 수 있다. 이 목록과 주석을 통해 방대한 유엔총회 도큐먼트에 더 효율적으로 접근할 수 있을 것이다. 단, 최근 도큐먼트 위주이다.

② 연구가이드(Research Guide)

이 연구가이드는 유엔 문헌에 관심 있는 정보학 전문가 및 연구자들을 위해 고안되었다. 유엔에 의해 출판되는 다양한 정보원에 대한 소개와 사용 방법에 대한 안내가 나와 있다. 유엔의 주요 사업부문인 인권과 국제법, 평화 유지에 대한 내용도 소개되어 있다.

③ Quick Links

정기총회, 안전보장이사회, 경제사회이사회 기록의 원문뿐만 아니라 개요 등도 바로 클릭해서 볼 수 있어 편리하다. 'What's New?(최근 정보)', 'Training Guides(UN 문헌정보시스템에 대한 안내)' 등의 순서로 이루어져 있으며, 유엔 문헌번호, 유엔 문헌 기본조사방법, 유엔총회에 대한 FAQ, 보도자료, 주요 토픽 등에 대한 설명이 제공된다.

④ UNBISnet: UN Bibliographic Information System

• Bibliographic Records

United Nations Dag Hammarskjöld Library가 목록화한 유엔 도큐먼트와 출판물 카탈로그이다. Dag Hammarskjöld Library가 소장하고 있는 유엔 출판물이 아닌 상업적 출판물도 포함되어 있다. UNBISnet은 1979년부터의 자료를 보유하고 있는데 그 이전의 자료들도 계속해서 목록 작업이 진행 중이다. 1946년 이후 총회와 경제사회이사회, 안전보장이사회 결의안에 대한 유엔의 공식 언어로 된 원문서비스의 규모도 증가하고

있다. 'New Keyword Search'와 'New Browse List Search'가 제공되고
있다.

- 투표기록(Voting Records)

  총회(1983년 이후)와 안전보장이사회(1946년 이후)에 의해 수용된 모든
  결의안에 대한 투표기록 목록이다. 결의안에 대한 원문 링크가 제공된
  다. 역시 'New Keyword Search'와 'New Browse List Search'가 있다.

- 연설기록(Index to Speeches)

  1983년 이후 UN 총회와 안전보장이사회, 1982년 이후 신탁통치이사회
  에서 진행되었던 연설기록 목록으로 연설문의 전문(Full-text)이 제공된
  다. 'New Keyword Search'와 'New Browse List Search'가 있다.

⑤ UN-I-QUE: United Nations Info Quest

UN-I-QUE(UN Info Quest)는 FAQ에 반응하기 위해 Dag Hammarskjöld
Library가 개발한 참조파일 서비스이다. 1946년 이후 유엔 도큐먼트에 대한
문헌 기호, 판매 번호를 빠르게 검색하여 원하는 자료를 찾아낸다. 물론 세
부적인 서지정보를 불러오지는 못하기 때문에 UNBISnet, UNBIS Plus on
CD-ROM과 같은 종래의 서지데이터베이스 역할을 대신 하지는 못한다.
UN-I-QUE는 연간/회별 위원회 보고서, 연간 출판물, 정기/부정기 보고서,
주요 회의보고서 등의 자료 위주의 서비스이다.

IADA

International Association of Book and Paper Conservators
국제서적및문서보존가협회

① 기 구

1) 소재사항

소재국가　오스트리아

주　　소　Institut für Papierrestaurierung Schloß Schönbrunn, Finsterer Gang 71
　　　　　1130 Wien Austria

전　　화　+43 1 81786644

팩　　스　+43 1　81786849

전자우편　markus.klasz@papier－restaurierung.com

홈페이지　http://palimpsest.stanford.edu/iada/index_e.html

2) 성 격

서적 및 문서보존가들의 국제협회로서 복구가(restorer)들을 위한 지속적인 전문교육, 신세대 진흥, 경험 및 전문적 관심에 관한 상호교환을 위해 활동하는 비영리기구이다.

3) 설립연혁

IADA는 1957년 2월 기록복구가협회(AdA: Arbeitsgemeinschaft der Archivres－

tauratoren, Association of Archive Restorers)라는 이름으로 설립되었다. 1967년 AdA
는 현재의 이름인 IADA로 개칭하였다.

4) 설립목적

① 복구가들 간의 유익한 유대관계 유지
② 신세대 복구가를 위한 노력, 경험의 교환지원 및 복구가들을 위한 지속적인 교육
③ 단체의 관심사 표명

5) 조 직

IADA의 조직은 크게 총회(Council)와 위원회(Board)로 구성되며, 위원회는 실무위
원회와 공개위원회가 있다.

(1) 총회(Council)

총회는 보통 4년에 한 번씩 열린다. 총회의 의결안은 협회의 모든 주요 문제들
을 다루고 있다. 모든 총회에는 자세한 회의보고서가 만들어지면 두 명의 회원
에 의해 서명을 받도록 되어 있다. 특별의결안은 의견동의표결에 의해 정해진
다. 모든 의결안은 다수결의 원칙에 의해 정해진다.

(2) 위원회(Board)

실무위원회와 공개위원회로 분류되며 각각 총 5인으로 구성된다. 공개위원회의
위원들은 선거로 선출된 위원장에 의해 임명되며 임기는 4년 동안이다.

6) 회 원

예술 및 문화유산의 복구 및 보존 관련 모든 개인들은 협회의 회원이 될 수 있다.
위원회는 서면 신청서를 접수하여 회원가입 여부를 결정하나 회원의 자격이 전문

자격을 수여받았다는 것을 뜻하는 것은 아니다. IADA의 회원자격에 대한 광고는 금지되어 있으며, 기업 및 실무작업단만이 특별회원 자격에 지원할 수 있으나 투표의 자격은 없다.

7) 주요사업

IADA는 다음과 같은 국제적인 활동을 한다.
① 같은 분야에서 활동하는 기관들의 단결 촉진
② 컨퍼런스나 전시회, 전문가위원회, 정보를 담은 브로셔 등의 출판에 있어서 회원 간의 협력

② 정보원

1) 정보원배포정책

'Papier Restaurierung', 'Publications', 'New Literature'에서 IADA의 출판물, 논문 등을 검색할 수 있다. 'Publications'와 'New Literature'의 모든 자료는 독어로만 제공되며, 홈페이지상에서의 무료 원문열람도 불가능하다. 일부 PDF로 제공되기도 하나, 직접구매 열람이 필요하기도 하다.

2) Papier Restaurierung

모든 자료가 무료열람이 가능한 것은 아니다. PDF로 제공되는 자료도 있으나 직접구매를 해야 하는 목록도 있다. 대부분의 자료는 홈페이지상에서 논문초록을 제공한다. 일 년에 4번 발행되는 계간지이며, 온라인상에는 2002년부터 현재까지의 논문을 제공하고 있다. 대부분이 독어자료로서, 영문으로도 제공되는 자료는 2002년 제3권부터 2007년 제8권까지이다. 그 중 2007년 최근의 3월호와 6월호에 게재된

논문은 다음과 같다.

- *Copper Corrosion on Paper*
- *Simple and Adequate Conversation Covers*
- *Sonderbeilage XI. IADA Congress Vienna 2007*
- *A Large Cartoon for a Mural Painting*
- *20th Century Industrial Iron Gall Inks*

3) 링크 정보원

이는 IADA에서 링크하여 제공하는 정보원으로 관련 교육 분야, 관련출판물, 관련 기관, 관련협회 명칭과 홈페이지 외에 제공 언어는 다음과 같다.

(1) 교 육

① 복구가(Restorers)

- AT‑Wien: Akademie der Bildenden Künste Wien
  홈페이지: http://www.akbild.ac.at(독어, 영어)
- CH‑Bern: Berner Fachhochschule, Hochschule für Gestaltung, Kunst und Konservierung
  홈페이지: http://www.hkb.bfh.ch(독어)
- DE‑Berlin: FH für Technik und Wirtschaft Berlin
  홈페이지: http://www.fhtw‑berlin.de(독어)
- DE‑Hildesheim: FH Hildesheim/Holzminden/Göttingen
  홈페이지: http://www.hawk‑hhg.de/hawk/fb_konservierung(독어, 영어)
- DE‑Köln: FH Köln
  홈페이지: http://db.re.fh‑koeln.de/ICSFH/studienrichtung/schriftgut.as px(독어, 영어)
- DE‑München: Staatliche Fachakademie zur Ausbildung von Restauratoren für Bücher, Archivalien und Papier
  홈페이지: http://www.bsb‑muenchen.de/index.php?id=627(독어)

- DE – Stuttgart: Staatliche Akademie der Bildenden Künste Stuttgart
  홈페이지: http://www.sabk.de, www.abk – stuttgart.de(독어)
- DK – Kopenhagen: Det kongelige danske Kunstakademi – Konservatorskolen, Kopenhagen
  홈페이지: http://www.kulturnet.dk(독어, 영어)
- 미국 버팔로 뉴욕: 버팔로주립대(USA – Buffalo NY: Buffalo State College)
  홈페이지: http://www.buffalostate.edu/depts/artconservation(영어)

② 계속 교육(Further Education)

- CH – Ascona: Centro del bel libro
  홈페이지: http://www.cbl – ascona.ch(독어, 영어, 불어, 이태리어)
- DE – Hagen: Fern – Universität
  홈페이지: http://www.fernuni – hagen.de(독어)
- DE – Marburg: Archivschule Marburg
  홈페이지: http://www.uni – marburg.de/archivschule(독어, 영어)
- DE – Tübingen: WissensTransfer, Universität
  홈페이지: http://www.uni – tuebingen.de/uni/qzw/wit/index2.htm(독어)

③ 논문제작(Paper Production)

- DE – Darmstadt: TU Darmstadt – Fachgebiet Papierfabrikation und Mechanische Verfahrenstechnik
  홈페이지: http://www.pmv.tu – darmstadt.de(독어, 영어)
- DE – Gernsbach: Papiermacherzentrum Gernsbach
  홈페이지: http://www.papiermacherzentrum.de(독어, 영어)
- DE – München: FH München – Studiengang Verfahrenstechnik Papier – Kunststoff
  홈페이지: http://www.fh – muenchen.de/home/fb/fb05/vf/d_vf.htm(독어, 영어)

(2) 출판물

① 검색도구(Research Tools)

- Buch und Papier－Eine Bibliographische Datenbank zum Bestandserhalt(SUB Göttingen)

  홈페이지: http://www.sub.uni－goettingen.de/bup(독어, 영어)

- 도서목록 데이터베이스 보존정보네트워크(Bibliographic Database of the Conservation Information Network)

  홈페이지: http://www.bcin.ca(영어, 불어)

- ICCROM 도서관(ICCROM Library)

  홈페이지: http://library.iccrom.org(독어, 영어)

- 덴마크 왕립 현대미술 아카데미, 보존학교(Royal Danish Academy of Fine Arts, School of Conservation)

  홈페이지: http://www.kons.dk/dk/site.asp?p=471(독어, 영어)

- 예배당도서관(The Chantry Library)

  홈페이지: http://www.lib.ox.ac.uk/ipc－chantry(독어, 영어)

② 정기간행물(Periodicals)

- Abbey 뉴스레터, 미국－오스틴 텍사스(Abbey Newsletter, USA－Austin TX)

  홈페이지: http://palimpsest.stanford.edu/byorg/abbey/an/(영어)

- Der Archivar, DE－Siegburg

  홈페이지: http://www.archive.nrw.de/archivar/(독어)

- Einbandforschung, DE－Berlin

  홈페이지: http://aeb.sbb.spk－berlin.de(독어)

- GCI 뉴스레터(GCI Newsletter)

  홈페이지: http://www.getty.edu/conservation/publications/newsletters(영어)

- 국제보존뉴스(International Preservation News, FR－Paris)

  홈페이지: http://www.ifla.org/VI/4/ipn.html(영어)

- 국제종이세계(International Paperworld, DE – Heussenstamm)

  홈페이지: http://www.ipwonline.de(독어, 영어)

- 종이역사, 덴마크 – 마르부르크(Paper History, DE – Marburg)

  홈페이지: http://www.paperhistory.org(독어, 영어, 불어)

- PapierRestaurierung, DE – Stuttgart

  홈페이지: http://palimpsest.stanford.edu/iada(독어, 영어)

- 보존 및 접근 국제뉴스레터(Preservation & Access International Newsletter, USA – Washington DC)

  홈페이지: http://www.clir.org/pubs/pain/pain.html(영어)

- Restaurator, DE – München

  홈페이지: http://www.saur.de(영어)

- Restauro, DE – München

  홈페이지: http://www.restauro.de(독어)

- Rundbrief Fotografie, DE – Stuttgart

  홈페이지: http://www.foto.unibas.ch/~rundbrief(독어)

- 종이보존자 – 종이보존뉴스(The Paper Conservator – Paper Conservation News, UK – Leigh)

  홈페이지: http://www.icon.org.uk(영국)

- 보존연구(IIC: Studies in Conservation, UK – London)

  홈페이지: http://www.icon.org.uk(영국)

- Zeitschrift für Kunsttechnologie und Konservierung

  홈페이지: http://www.restauratoren.de(독어)

(3) 기관(Institutes)

① 보존(Conservation)

- Instituut Collectie Nederland, NL – Amsterdam

  홈페이지: http://www.icn.nl(독어, 영어)

② 종이제작(Paper Production)

- 종이기술전문가(PTS: Paper Technology Specialists)
  홈페이지: http://www.ptspaper.de(독어)

(4) 협회(Associations)

① 복구가(Restorers)

- 보존가 및 복구가기구유럽연합(ECCO: European Confederation of Conservator
  -Restorers' Organizations)
  홈페이지: http://www.ecco-eu.info(독어, 영어, 불어)
- 전문안내(Professional Guidelines)
  홈페이지: http://palimpsest.stanford.edu/byorg/ecco/library/guidel.html(영어)
- ÖRV(Österreichischer Restauratorenverband)
  홈페이지: http://www.orv.at(독어)
- 박물관국제협의회-보존위원회(ICOM-CC: International Council of Museums,
  Committee for Conservation)
  홈페이지: http://icom-cc.icom.museum(영어)
- SKR(Schweizerischer Verband für Restaurierung und Konservierung)
  홈페이지: http://www.skr.ch(독어, 불어, 이태리어)
- VDR(Verband der Restauratoren e.V.)
  홈페이지: http://www.restauratoren.de(독어)
- VAR(Vereniging van boek- en papierrestauratoren)
  홈페이지: http://www.conserveer.nl(네덜란드어)

② 특별분야(Special Interests)

- AEB(Arbeitskreis zur Erfassung und Erschließung Historischer Bucheinbände)
  홈페이지: http://aeb.sbb.spk-berlin.de(독어)
- Internationale Arbeitsgemeinschaft der Papierhistoriker
  홈페이지: http://www.paperhistory.org(독어, 영어, 불어)

IAMIC

International Association of Music Information Centres

IAMIC

International Association of Music Information Centers

국제음악정보센터협회

① 기 구

1) 소재사항

소재국가 벨기에

주   소 Steenstraat 25, BE‐1000 Brussels Belgium

전   화 +32 2 504 90 90

팩   스 +32 2 502 81 03

전자우편 iamic@iamic.net

홈페이지 http://www.iamic.net

2) 성 격

국제음악정보센터협회는 동시대의 음악을 장려하고 기록화하는 기구들의 국제적인 네트워크기구이다. IAMIC는 회원 국가의 음악활동을 중요시하는 동시에 집합적 프로젝트에 관한 국제교류를 촉진시키는 역할을 한다. 한편, IAMIC는 유네스코의 국제음악위원회(International Music Council)의 회원이다.

3) 설립목적

① 회원에 의해 제공된 정보, 자료, 제작물 이용 장려

② 회원들의 음악에 관한 행위, 방송, 보급 활동 장려

③ 회원들 간의 아이디어와 경험, 그리고 기술 교환 장려

④ 각 회원들에게 다양한 음악관련 서비스 제공

⑤ 더 큰 국제 음악 환경에서의 활발한 역할 수행 장려

⑥ IAMIC에 관한 인식 증진

4) 사 명

① 회원을 위한 국제적 수준의 서비스 제공

② 음악관련 활동의 개발 협력 및 교환 장려

③ 음악관련 프로젝트 수행

5) 조 직

총회(Council)와 실무그룹(Working Group), 그리고 각종 위원회(Board)로 구성되어 있다.

(1) 총 회(Council)

매년 IAMIC는 주요 컨퍼런스를 각각 다른 국가에서 개최하여 가능한 모든 회원들이 참석 가능하도록 한다. IAMIC에 의해 개최되는 컨퍼런스는 국제 음악 커뮤니티의 발전을 가능하게 하며 정보공유를 위한 벤치마크의 대상이 되기도 한다.

(2) 실무그룹(Working Group)

실무그룹은 조직을 운영하고 각각의 회원들의 참여와 프로젝트 및 활동을 장려한다.

(3) 위원회(Board)

다음과 같은 각종 위원회를 두고 있으며, 각 위원회의 분야별로 전문화하고 있다.
- 커뮤니케이션위원회(Communications Committee)
- 컨퍼런스위원회(Conference Committee)
- 다른 장르를 위한 특별전문위원회(Task Force for Other Genres)
- 툴박스 특별전문위원회(Toolbox Task Force)

6) 회 원

IAMIC는 2006년 기준으로 총 38개국의 43개 회원기관을 지원하고 있다. 이들 각각의 회원기관인 음악정보센터(MICs: Music Information Centers)는 그들 국가와 지역에서의 다양한 종류의 음악을 기록화하는 활동을 한다. 구체적으로 낱장악보, 기록, 인명자료, 연구 자료를 관리하고 대중에게 장려할 만한 페스티벌, 콘서트, 대회, 컨퍼런스와 같은 예술적인 프로젝트를 제공한다. 대륙별 및 국가별 IAMIC의 회원기관은 다음과 같다.

(1) 유 럽

- 오스트리아: Mica
- 벨기에: 플란더스 음악센터(Flanders Music Centre)
- 크로아티아: 크로아티아음악정보센터 KDZ
- 체코: 체코음악정보센터
- 덴마크: 덴마크 예술부의 음악센터(Danish Arts Agency, Music Centre)
- 영국: 영국음악정보센터
- 에스토니아: 에스토니아음악정보센터
- 핀란드: 핀란드음악정보센터
- 프랑스: Centre de Documentation de la Musique Contemporaine
- 조지아: 조지아음악정보센터

- 독일: 독일음악정보센터(Internationales Musikinstitut Darmstadt)
- 그리스: 그리스음악정보센터
- 헝가리: BMC 헝가리음악정보센터
- 아이슬란드: 아이슬란드음악정보센터
- 아일랜드: 아일랜드현대음악센터
- 이탈리아: 이탈리아현대음악기록관(AMIC: Archives of Italian Contemporary Music)
- 라트비아: 라트비아음악정보센터
- 리투아니아: 리투아니아음악정보및출판센터
- 룩셈부르크: 룩셈부르크음악정보센터
- 네덜란드: Donemus, Gaudeamus
- 노르웨이: 노르웨이음악정보센터
- 폴란드: 폴란드음악정보센터
- 포르투갈: Miso Music Portugal, Calouste Gulbenkian Foundation
- 스코틀랜드: 스코틀랜드음악센터
- 세르비아: SOKOJ 음악정보센터
- 슬로바키아: 슬로바키아음악센터
- 슬로베니아: 슬로베니아음악정보센터사회
- 스페인: Centro para la Difusion de la Musica Contemporanea
- 스웨덴: STIM/Svensk Musik
- 스위스: Foundation SUISA pour la musique
- 웨일즈: 웨일즈음악정보센터

(2) 아메리카

- 브라질: Centro de Documentacao de Musica Contemporanea
- 캐나다: 캐나다음악센터
- 미국: 미국음악센터

(3) 아시아

- 이스라엘: 이스라엘음악정보센터
- 일본: 현대일본음악문서화센터

(4) 오세아니아

- 호주: 호주음악센터
- 뉴질랜드: 뉴질랜드음악센터 SOUNZ

7) 주요사업

- IAMIC 네트워크를 이루고 있는 각 국가 및 지역의 음악정보센터(MICs)는 작곡가, 음악가, 교육자, 학생, 청중에게 다양한 종류의 필수서비스를 제공한다.
- 많은 국가의 새로운 음악을 위한 국가자원센터들은 국가/지역의 작곡가 업적을 기록 및 보관하여 연주가 및 음악교육자들에게 이용 가능하도록 한다.
- 많은 음악정보센터들은 지역음악생활에 대한 정보를 대중에게 전달하고 프로젝트 활동, 지역음악가들의 활동에 대한 대중화를 통해 지역문화개발에 이바지한다.

② 정보원

1) 정보원배포정책

'News'와 'Archives'에서 IAMIC가 제공하는 보도자료 및 뉴스레터의 내용을 무료로 검색·열람할 수 있다.

2) 보도자료(News)

여기에는 주로 보도자료가 제공되며, 'IAMIC News'와 'Member News'로 구분되어 있다. 각각에 해당하는 일부 목록은 다음과 같다.

(1) IAMIC 보도자료(IAMIC News)

- *New Zealand Music Month*
- *Nordic Wind Music Catalogue*
- *New Art Net*
- *IAMIC Winter Meeting*
- *EFA and IAMIC Promote New Music Programming*
- *2007 IAMIC Conference in Wellington New Zealand*

(2) 회원 보도자료(Member News)

- *Canadian Music Centre Launches Composer Portraits: Influences of Many Musics*
- *New Book Documents Legendary New Rock Festival*
- *BBC Radio 3's 'Hear & Now' Features Welsh Composers*
- *New Zealand Geographic Features NZ Composers*
- *Centrediscs Receives four 2007 Juno Award Nominations*
- *49th Annual Grammy Nominee List Released*
- *Report on the 2006 Work Programme*
- *Free Downloads from Edition Suecia*
- *Critical Notice*

3) 기록물(Archives)

'Project' 페이지의 제일 하단부분에 있는 'Archive' 항목을 통해 IAMIC의 뉴스레터의 전문(full-text)을 열람할 수 있다. 일 년에 두 번 즉, 대체적으로 5월 또는 6월 그리고 12월에 뉴스레터를 발간하나 발간주기는 일정하지 않고 간혹 한 번 발간되기도 하였다. 홈페이지상에서는 1998년 12월호부터 2005년 12월호까지의 목록과 전문이 제공되고 있다.

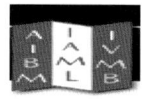

IAML

International Association of Music Libraries,
Archives and Documentation Center
세계음악도서관·기록관및도큐멘테이션센터협회

① 기 구

1) 소재사항

소재국가   스웨덴
전자우편   webmaster@iaml.info
홈페이지   http://www.iaml.info

2) 성 격

IAML은 각 국가의 음악도서관, 기록관, 도큐멘테이션센터들의 음악목록, 음악기록화, 음악도서관, 정보과학에 관한 프로젝트의 현실화 지원을 촉진시키고 장려하는 국제기구이다. 22개의 국가에 국가사무소를 두고 있고, 5개의 전문분과, 4개의 주제별 위원회, 그리고 다양한 실무그룹을 두고 있다.

3) 설립연혁

IAML은 1951년 음악관련 기관의 국제협력을 촉진시키고 전문성에 대한 관심을 지지하기 위해 설립되었다. 현재 IAML은 전세계 45개국의 약 2천여 명의 개인 및 기관 회원을 보유하고 있고, 국제도서관 및 음악 커뮤니티의 주요회원 중 하나이다.

4) 설립목적

① 음악도서관, 기록관, 도큐멘테이션센터의 활동을 증진 및 장려하고 해당 분야에 종사하는 개인과 기관들 사이의 협력강화
② 음악도서관, 기록관, 도큐멘테이션센터의 국가적이고 국제적인 문화적 중요성에 대한 심층적 이해 촉진
③ 음악목록, 음악기록, 음악도서관, 정보과학에 관한 프로젝트 실현성 지원
④ 음악과 관련한 모든 출판물과 기록의 유용성 촉진
⑤ 목록, 보존, 음악자료의 유용성에 관한 국제 및 국가 표준 개발 지원
⑥ 전문적인 교육 및 훈련 증진
⑦ 모든 종류의 음악컬렉션 목록 심화 관리
⑧ 모든 기간의 음악기록 보호 및 보존 지원
⑨ IAML의 관심을 공유하는 다른 국제기구와의 협력
⑩ 관심이 있는 모든 이들의 연간회의 참가 장려

5) 기 능

IAML의 주요 기능은 다음과 같다.
① 음악 및 음악자료에 관계되는 도서관과 기록관 및 도큐멘테이션센터의 활동을 증진시키고, 관련분야에 종사하는 개인 및 기관 간의 상호 협력을 강화하고, 관

련 업무에 관한 정보를 출판한다.

② 국내 및 국제적으로 음악도서관, 기록관과 도큐멘테이션센터의 문화적 중요성에 대한 이해를 촉진시킨다.

③ 국내 및 국제적 수준으로 음악 서지, 음악 도큐멘테이션, 그리고 음악과학도서 관 실현을 돕는다.

④ 음악관련 모든 출판물과 기록들의 유용성, 특히 국제적인 교환 및 대출을 장려 한다.

⑤ 본 협회에 속해 있는 모든 지역의 표준 발전을 지지하고 격려한다.

⑥ 적절한 전문 교육과 연수를 증진시킨다.

⑦ 모든 종류의 음악자료들의 서지통정을 진행시킨다.

⑧ 모든 시대의 음악기록을 보호하고 보존하도록 한다.

⑨ 도서관, 서지, 기록학, 도큐멘테이션, 음악, 그리고 음악학 분야 내에서 다른 조 직과 상호 협력한다.

⑩ 회원 간의 국제적 만남을 가진다.

⑪ 전문 관심 분야의 모든 자료를 다루는 정기간행물을 간행한다.

6) 조 직

IAML의 조직은 총회를 포함하여 국가대표로 구성되는 협의회(Council)와 선거에 의해 선출된 위원회(Board)와 전문분과(Professional Branches), 주제별위원회(Subject Commissions), 연구그룹(Working Group) 그리고 일반위원회(Committees)로 이루어 지는 실무단으로 구성되어 있다.

(1) 협의회(Council)

협의회는 IAML의 최고위조직으로서 IAML을 총괄 지시하며 업무와 관련한 의 사결정을 내린다. 협의회는 적어도 1년에 한 번 개최하며, IAML 컨퍼런스 기간 동안에 개최된다.

(2) 위원회(Board)

위원회는 협의회의 실무집단으로서 위원장, 직전위원장(Immediate Past－President), 4인의 부위원장, 사무총장, 재무위원장으로 이루어진다.

(3) 총회(General Assembly)

총회는 모든 회원들로 이루어진다. 적어도 3년에 한 번 열리는 총회를 통하여 IAML의 기본적인 사항들이 결정되며, 계획과 현재 활동에 대한 평가 및 문제점 도출 등이 논의된다. 또한 향후 3년 동안의 재정예산이 표결에 의해 결정된다. 국제 연간 총회는 IAML의 중요활동이다. 1990년부터 실시하기 시작하여 매해 다른 국가에서 실시하여 2007년은 호주, 2008년은 이태리, 그리고 2015년은 미국 뉴욕에서 실시예정이다. 국제총회는 전문가분과협회(Association's Professional Branches), 주제별위원회(Subject Commissions) 그리고 연구그룹(Working Groups)의 회의로 구성되어 있으며, 일반적인 관심사에 대한 세션도 있다.

(4) 전문분과(Professional Branches)

전문분과는 같은 전문분야 및 같은 종류의 기관들이 회원이 되어 구성된다. 다음과 같은 5개의 전문분과가 있다.

- 기록관 및 음악기록센터
- 방송 및 오케스트라 도서관
- 음악교육기관의 도서관
- 공공도서관
- 연구조사도서관

(5) 주제별위원회(Subject Commissions)

주제별위원회는 도서관활동 형태별로 구성된다. 현재 서지, 시청각자료, 서비스와 교육, 목록의 네 분야의 주제별위원회가 운영되고 있다. 이와 같은 주제영역

전개의 주안점은 각기 다른 나라의 관심 범위 내에서 발전 양상을 보이는 부분을 선택하여 새로운 프로젝트를 실시하는 것이다.

(6) 일반위원회(Committees)

일반위원회는 IAML의 행정적이고 법률적인 문제에 대해서 조언을 해주는 역할을 한다. 규약(Constitution), 저작권(Copyright), 정보기술, 복지(Outreach), 프로그램, 출판물, 컨퍼런스 조직과 같은 일곱 분야의 일반위원회가 존재한다. IOS (International Organization for Standardization)와 함께 ISMN(Inernational Standard Music Number)의 발전에 관하여 연구한다. 이 외 설립 규정, 저작권, 출판물, 과학 기술 등 행정 및 법적 문제에 관한 임무를 수행한다.

(7) 연구그룹(Working Group)

IAML은 다양한 연구를 수행하는 연구그룹을 조직하고 있다. 연구그룹은 대규모 프로젝트를 책임지며, 보고서 준비와 사업 보고서 또는 출판을 수행한다.

(8) 국가사무소(National Branches)

국가사무소는 57개 중 25개국이 대표를 맡고 있다. 대표국가는 호주, 오스트리아, 벨기에, 캐나다, 크로아티아, 체코, 덴마크, 에스토니아, 핀란드, 프랑스, 독일, 헝가리, 이탈리아, 일본, 네덜란드, 뉴질랜드, 노르웨이, 폴란드, 러시아, 스위스, 슬로바키아, 스페인, 스웨덴, 영국과 아일랜드, 미국 등이 포함된다.

7) 회 원

· 현재 세계 45개국 이상이 가입되어 있으며, 약 2천여 명 정도의 개인 및 단체회원을 가지고 있다. 현재 본부는 스웨덴에 있고, 22개국에 분관을 두고 있다.
· IAML의 회원은 주로 유럽 및 북미의 국가와 전문가들로 구성되어 있다. 그 외에도 호주, 뉴질랜드, 일본 등에서도 널리 알려져 있다. 그러나 기본적으로 아시

아, 라틴아메리카, 아프리카에서는 비교적 덜 알려진 상태이다.
· 회원들은 주로 음악수집가, 음악 및 시청각 사서들, 음악기록전문가, 도큐멘테이
션전문가, 음악학연구가, 음악발행자, 판매자로 구성된다.

8) 주요사업

IAML의 주요사업은 전문분과, 주제별위원회, 연구그룹을 통해 이루어진다.

① 전문분과

음악기록관련 각종 견해와 정보를 교환하고 공통의 관심사를 논의하는 포럼을
주최하는 역할을 하고 있다.

② 주제별위원회

서로 다른 국가에서 관련 관심사에 대한 기록관과 도서관 활동 중 새로운 개발
에 관한 것 등에 중점을 두고 활동한다. 또한 새로운 프로젝트를 시행하는 것도
주제별위원회의 역할이다.

③ 연구그룹

특정한 과제수행, 보고서 및 성명서 작성, 출판의 업무를 담당하고 있다. 다음과
같은 주제에 관한 연구그룹이 있다.

- 음악기록관 등록(Registration of Music Archives, 구 IRMA)
- 하루살이퍼포먼스로의 접근(Access to Performance Ephemera, 구 음악퍼포먼
  스인덱싱(Indexing of Music Performances))
- 권한데이터 교환(Exchange of Authority Data)
- 음악정기간행물(Music Periodicals, 2001년 절판)
- 음악과음성기록주요서지레코드(Core Bibliographic Record for Music and
  Sound Recordings, 1998년에 완성)

9) 관련단체

IAML은 다음의 국제적인 기구의 회원이며, 음악기록관련 기구와 긴밀한 협력을 유지하고 있다.

· 국제도서관협회연맹(IFLA: International Federation of Library Associations and Institutions)
· 국제아카이브스협의회(ICA: International Council on Archives)
· 도서관·정보·도큐멘테이션협회유럽지부(EBLIDA: European Bureau of Library, Information and Documentation Associations)
· 국제음악협의회(IMC: International Music Council)
· 유네스코비정부기구(UNESCO Non-Governmental Organization)
· 국제음향및시청각기록관협회(IASA: International Association of Sound and Audiovisual Archives)
· 국제음악정보센터협회(IAMIC: International Association of Music Information Centers)

2 정보원

1) 정보원배포정책

'Publications'와 'Archives'에서 IAML의 관련 정보가 제공되고 있다. 'Archives'의 열람을 원하는 자료는 전자우편을 통해 받아볼 수 있다. 'Publications'의 정보는 홈페이지상에서 원문열람이 가능하다. 'Fontes Artis Musicae'는 회원에게만 제공되고, 1994년부터 온라인으로 색인검색이 가능하다. 홈페이지에 기간호(back issies)에 대한 정보를 알려주고 있다. 음악서지관련 문제가 있을 때 음악사서의 전자우편(iaml-l@cornell.edu)으로 도움을 요청할 수 있다. 뉴스레터의 경우 1권에서 9권까지는 웹문서로 배포되고, 10권부터는 PDF와 HTML로 배포되다가 2005년 이후부터는 PDF로 제공되고 있다.

2) 출판물(Publications)

뉴스레터, 연간회의자료, 분과 및 위원회 활동보고서 등을 열람할 수 있다.

(1) 뉴스레터(Newsletter)

뉴스레터는 1951년 10월 창간호와 1999년의 두 차례에 걸친 견본호, 그리고 2000년 10월의 창간호부터 2007년 6월의 24호까지의 목록과 원문이 제공되고 있다.

(2) 연간회의 자료(Annual Conference)

1990년 프랑스에서 개최된 연간회의관련 자료에서부터 2007년 7월 1~6일까지 호주 시드니(Sydney)에서 개최된 회의관련 자료가 각 연도별로 제공되고 있다. 그 외에 2008년 이태리의 연간회의에서부터 2015년 미국 뉴욕에서의 연간회의 계획관련 자료 또한 제공되고 있다.

(3) 분과 및 위원회 활동보고서

IAML의 전문분과와 각 위원회 관련 보고서를 제공하며, 다음과 같다.

① 방송 및 오케스트라 도서관 분과

- *Branch Programme for 2007 Conference in Sydney*
- *Branch Programme for 2006 Conference in Göteborg*

② 음악교육기관의 도서관 분과

- *Programme for 2007 Conference in Sydney*
- *Activities 1998~2006*

- *Questionnaire: Networking and Access to Music Collections*

③ 공공도서관 분과

- *IAML Toolbox*
- *Activities 2005~2007*

④ 목록위원회

- *Unimarc Forms*
- *Plaine & Easie Code*
- *Unimarc Medium of Performance*
- *Activities 2007*
- *Unimarc Sub-Commission Minutes, Göteborg , June 2006*
- *Working Group on the Core Bibliographic Record for Music and Sound Recordings*

⑤ 서비스 및 교육위원회

- *Activities 1997~2002*

⑥ 저작권위원회

- *Activities 1997~2005*
- *Questionnaire on Copyright / Droit d'auteur 2004*

⑦ 정보기술위원회

- *Göteborg 2006, Programme*
- *Sydney 2007, Programme*
- *National Branch Reports*

3) 도큐먼트(Documents)

- *Music Periodicals*
- *Hofmeister*
- *Fontes Artis Musicae*

  이는 계간의 정기간행물로서 협회운영을 위한 커뮤니케이션 통로로서 음악사서와 도큐멘테이션, 서지 및 음악학 등과 관련한 내용을 싣고 있다.

- *The IAML Newsletter*

  이는 전자 뉴스레터이다. 1952에는 제1권을 간행하고, 1999년에 다시 시험판(Trial Issue)으로 1권과 2권을 출판하였다. 이후 2000년에 정식으로 제1권을 간행한 후 2007년 현재 제25권이 간행되었다.

- IAML－L

  이는 IAML 메일링 리스트로서 음악사서 간의 상호 경험을 교류하고, 전문적 주제를 토론하고, 그리고 문제와 정보를 교환하기 위한 통로이다. IAML 회원과 비회원을 포함하여 470여 도서관의 메일링 리스트이다.

4) 프로젝트 관련 정보원

- The R－Projects

  이는 IAML과 IMS(International Musicological Society)의 협력 프로젝트로 음악학자와 사서를 위하여 이하의 4개의 주요 서지시리즈(4개의 R)의 출판을 돕는다. 이는 모두 국가적 그룹과 국제적 센터의 협력으로 출판된다.

① *Répertoire International des Sources Musicales(RISM)*

  RISM, 즉 IIMS(International Inventory of Musical Sources)는 전세계의 음악자원을 적절하게 기술하는 것을 목적으로 하는 세계적 수준의 목록이다. 각국의 독립적인 RISM 연구그룹에서 주로 1800년 이전의 음악 인쇄물과 1600년 이후의 음악 필사본, 그리고 때로는 오페라나 오라토리오의 대본 등을 목록하여 출판한 것이다. 이는 인쇄목록을 먼저 출판하고 1995년 이후 CD－ROM으로 작업되었다.

② *Répertoire International de Littérature Musicale(RILM)*

RILM, 즉 IIML(International Inventory of Musical Literature)은 전세계 음악에 대하여 학술적으로 기술한 서지데이터베이스에 대한 초록이다. 연간의 인쇄물, OCLC와 NISC에서 제공되는 온라인, 그리고 NISC에서 제공되는 CD-ROM이 있다.

③ *Répertoire International d'iconographie Musicale(RIdIM)*

RIdIM, 즉 IIMI(International Inventory of Musical Iconography)는 음악관련 영상자료를 발행한다. 이는 목록, 연구자료, RIdIM/RCMI 뉴스레터, RIdIM/RCMI 음악도상(圖像)학자 시리즈를 출판하고, 듀크대학출판사(Duke University Press)와 Bärenreiter-Verlag에 의해 발행되는 학술적 연감인 *Imago Musicae*를 지원한다.

④ *Retrospective Index to Music Periodicals(1800~1950)*

RIPM(The Répertoire International de la Presse Musicale), 즉 RIMP는 가장 최근의 네 번째 'Repertories'이다. 1987년 이래로 19세기와 20세기 초반의 음악적으로 중요한 부분을 반영하는 출판물을 해마다 10권 정도씩 출판해 왔다. RIPM 시리즈는 NISC(National Information Services Corporation)에 의하여 인쇄자료, 전자자료, CD-ROM으로 출판되고 EBSCO, NISC 및 OCLC에 의해 CD-ROM으로 제작되었다. 2006년 여름 RIPM은 2백 권째 출판과 5십만 이상의 레코드 수록 데이터베이스를 경축하고, *RIPM Online Archive of Music Periodicals*을 탄생시켰다.

5) IAML 지원 출판물

그 외 IAML 지원 출판물은 다음과 같다.

- *Documenta Musicologica. Kassel: Bärenreiter.*
  Reihe 1: Druckschriften-Faksimiles. 1951~ . 43 vols. to 2006

Reihe 2: Handschriften－Faksimiles. 1955～ . 34 vols. to 2006.

- *Catalogus Musicus*

  Kassel: Bärenreiter, 1963～ (in progress). 18 vols. to 2004.

- *Code International de Catalogage de la Musique*

  Frankfurt: Peters, 1957～1983. 5 vols.(완질본).

- *Guide for Dating Early Published Music*

  Hackensack, NJ: Boonin; Kassel: Bärenreiter, 1974.

- *Terminorum Musicae Index Septem Linguis Redactus*

  Budapest: Akád. Kiadó; Kassel: Bärenreiter, 1978.

6) IAML 기록관

국제 IAML 기록관은 스웨덴 스톡홀름(Stockholm)의 스웨덴음악도서관(The Music Library of Sweden, 홈페이지: http://www.muslib.se/home.html)에 위치한다. IAML 제공자나 발행 및 생산자는 관련 전자레코드와 도큐먼트를 IAML 기록관에 저장·보존한다. 전자레코드 전송 전에 시스템에 대한 정보도 함께 전송하되 매 5년마다 정기적으로 전송해야 한다. 인터넷으로 전송 가능하며, 오프라인 발송 시 스웨덴음악도서관(주소: Box 16326, 103 26 Stockholm)으로 보내야 한다. 전자 도큐먼트는 기록관으로부터 전자우편으로 제공되며, 필요한 경우 출력되거나 디스크의 형태로 제공된다.

IASA

International Association of Sound and Audiovisual Archives

국제음향및시청각기록관협회

① 기 구

1) 소재사항

소재국가   스웨덴

주   소   SRF Radio Archive, SE 105 10 Stockholm Sweden

전   화   +46 8 784 1535

팩   스   +46 8 784 2285

전자우편   gunnel.jonsson@srf.se

홈페이지   http://www.iasa-web.org/pages/00homepage.htm

2) 성 격

국제음향및시청각기록관협회(IASA)는 60개국 이상의 세계적 수준의 시청각기록관을 대표하는 국제협력기구이다.

3) 설립연혁

IASA는 1969년에 음향 및 시청각기록을 보존하는 기록관들 간의 국제협력기관으로서의 역할을 수행하기 위해 암스테르담(Amsterdam)에 설립되었다. IASA 회원들은 음악, 역사 등을 포함한 다양한 범위의 컬렉션을 포함한다.

4) 조 직

IASA의 사업을 총괄하는 집행이사회가 있으며, 집행이사회 회의는 3년마다 개최된다. 이 외에 다양한 위원회, 부서(sections), 특별대책위원회(task forces)가 IASA의 사업발전을 위하여 존재한다. IASA의 회원들은 IASA의 연간회의를 통해 음향 및 영상이미지 관련 현안들에 대해 논의한다.

(1) 위원회(Committee)

IASA에는 다음과 같은 다양한 위원회가 조직되어 있다.

- 목록 및 문서위원회(Cataloguing and Documentation Committee)
  시청각 미디어의 문서화와 분류에 관한 기준과 규칙 및 시스템 관련 업무를 책임진다.
- 기재법위원회(Discography Committee)
  출판된 기록물의 컬렉션에 관한 기준 및 모범사례 관련 업무를 책임진다.
- 기술위원회(Technical Committee)
  기록, 보관, 재생산과 관련한 모든 기술적인 측면에 대한 업무를 책임진다.

(2) 부서(Sections)

- 국가기록물부서(National Archives Section)
  국가기록물과 관련된 문제에 대한 업무를 수행한다.
- 라디오음향기록물부서(Radio Sound Archives Section)
  방송사의 시청각기록에 대한 고유의무를 수행한다.
- 연구기록물부서(Research Archives Section)
  연구조사를 목적으로 만들어진 기록 컬렉션을 비롯한 소장자료들의 시청각기록과 관련된 특수한 문제에 대한 업무를 수행한다.

5) 협력기관

· IASA는 정부와 국제기구의 전문성을 찾고자 하는 국제동맹기구인 시청각기록
협회협동협의회(CCAAA: Coordinating Council of Audiovisual Archives
Associations)의 설립회원이다.
· 또한 IASA는 UNESCO와 경영상 긴밀한 관계를 유지하고 있다.

6) 주요사업

IASA는 정보의 교환을 지지하고, 영상기록 관련 유사영역간의 국제협력을 장려한
다. IASA는 구체적으로 다음과 같은 영역과 관련된 활동을 한다.

• 수집(acquisition) 및 교환
• 도큐멘테이션 및 메타데이터
• 자원발견 및 접근
• 저작권 및 윤리
• 보존(preservation) 및 보호(conservation)
• 연구, 배포, 출판
• 미디어 콘텐츠의 디지털화

② 정보원

1) 정보원배포정책

'Publications'에서 정보게시물, 정기간행물, 출판물 등을 검색·열람할 수 있다. 회
보의 경우 전자우편으로 배포되며, 정기간행물의 경우 구독이 필요하다.

2) 정보게시판(Information Bulletins)

2006년 이전에는 1년에 네 차례에 걸쳐 발간되던 정보게시판이 2006년부터 1년에 두 차례 발간되기 시작했다. 또한 전자회보(E-Bulletine)는 1년에 두 번 전자우편을 통해 구독자들에게 전해진다. 가장 최근 발간된 것은 2007년 1월의 것으로 정보게시판의 제목은 'Building an Archive for the Future'이다.

3) 정기간행물(Journal)

IASA의 저널은 1년에 두 번 발간된다. 1971년부터 발간된 IASA 저널의 구독을 원하면 신청서를 작성하여 제출해야 하며, 홈페이지에서 무료로 열람 가능한 저널은 극히 제한되어 있다.

4) 특별출판물(Special Publications)

이는 IASA의 출판물로서 대부분은 유료로 주문하여야 열람이 가능하다. 홈페이지 상에서 또는 PDF로 무료로 열람 가능한 목록은 다음과 같다.

· *Task Force to Establish Selection Criteria of Analogue and Digital Audio Contents for Transfer to Data Formats for Preservation Purpose*
· *The Safeguarding of the Audio Heritage: Ethics, Principles and Preservation Strategy*

ICA
International Council on Archives
국제아카이브스협의회

① 기 구

1) 소재사항

소재국가   프랑스

주   소   60 rue des Francs‒Bourgeois, 75003 PARIS France

전   화   + 33(0)1 40 27 6306

팩   스   + 33(0)1 42 72 2065

전자우편   ica@ica.org

홈페이지   http://www.ica.org

2) 성   격

세계의 기록유산(archival heritage) 보존과 개발 및 이용에 헌신하는 기록관련 커뮤
니티들로 결성된 국제적인 수준의 비정부기구이다.

3) 설립연혁

1946년 미국 기록보존가(conservator)를 중심으로 국제적 모임의 필요성이 제안되었
다. 이후 1948년 6월 파리에서 개최된 UNESCO 주최 기록보존전문가회의에 의하

여 설립되었으며, 1950년 8월 파리에서 제1차 총회를 개최하면서 공식적으로 설립되었다. 이후 2004년 오스트리아 비엔나에서 제15차 총회를 개최하였고, 2008년 제16회는 말레이시아 쿠알라룸푸르(Kuala Lumpur)에서 개최된다.

4) 설립목적

① 각국 기록보존기구 및 기록보존전문가의 상호 유대강화
② 기록물의 국제적 보존, 보호, 방어 등 제 수단 개발의 촉진
③ 기록보존물의 유기적·효과적 활용, 기록보존행정의 국제적 기준 및 활동의 조정 및 진흥

5) 사 명

① 국제기구, 정부 및 비정부기구와의 협력하에 모든 국가에 기록관을 설립토록 장려 및 지원
② 레코드와 기록관리영역에 대한 최상의 실무, 표준 개발 및 다른 활동들을 협력, 조직, 장려
③ 레코드 및 기록관리 또는 보존과 관련되거나 기록전문가에 대한 전문훈련과 관련한 모든 국가의 기록전문가, 전문가단체, 공사(公私)조직 간의 관계를 설립, 유지 및 강화
④ 콘텐츠가 좀더 광범위하게 알려지고, 접근이 극대화되도록 장려하기 위하여 기록 해설과 활용을 촉진

6) 조 직

최고의사결정기구인 유엔총회(General Assembly) 외에 대표자회의(Delegates Meeting), 1인의 의장과 5인의 부의장, 그리고 집행위원회(Executive Committee), 전문가협회 및 기관 등으로 구성되어 있다. 본부의 3개 집행위원회 외에 각 지역별 지부와 분과 및 위원회에 의하여 각종 업무가 수행된다.

(1) 총 회

매 4년마다 국제아카이브스회의(International Congress on Archives)를 개최한
다. 1950년 1차 총회에 이어 2008년 16차 회의가 개최 예정에 있다.

(2) 집행위원회

- ICA/CAD(The Commission on Archival Development)
  아카이브스개발위원회로서 개발 계획을 지도한다.
- ICA/CSP(The Programme Support Commision)
  프로그램지원위원회로서 재정 감독과 자금 조달을 관리한다.
- ICA/CPM(The Programme Management Commision)
  프로그램관리위원회로서 ICA의 활동을 지시하고, 각 분과와 지역별지부의
  활동을 조정하며, 그리고 출판과 홍보활동을 총괄한다.

(3) 지역별 지부

- ALA(Latin America – Association Latinoamericana de Archivos)
  홈페이지: http://www.ala.or.cr
  ICA의 목적을 증진하고 스페인어와 포르투갈어 사용의 남미, 스페인 및 포
  르투갈과의 협력을 강화하기 위하여 1982년 마드리드 지부 창립총회를 거
  쳐 결성되었다. 스페인어의 간행물인 *Edificios de Archivos en Clima
  Tropicaly Bajos Recursos*이 있다.
- ARBICA(Arab Regional Branch)
  홈페이지: http://www.archives.nat.tn
  ICA의 목적을 증진하고 아랍국가들과의 협력을 강화하기 위하여 1985년 세
  빌레(Seville)에서 창립되었다.
- CARBICA(Caribbean Regional Branch)
  홈페이지: http://www.carbica.com
  ICA의 목적을 증진하고 카리브연안 지역과의 협력을 강화하기 위하여 1975

년의 지부 제2차 총회에서 창립되었다. 간행물로 *CARBICA Annual Report* 2005~2006이 있다.

- CENARBICA(Central Africa Regional Branch)

  홈페이지: http://www.ica.org/body.php?pbodycode=CENARBICA&plangue=eng

  ICA의 목적을 증진하고 중앙아프리카와의 협력을 강화하기 위하여 1982년의 지부창립총회에서 결성되었다. 2000년에 일시 중지되었다가, 2004년 ICA 비엔나(Vienna)총회에서 다시 복원되었다.

- EASTICA(East Asian Regional Branch)

  홈페이지: http://www.eastica.org

  ICA의 목적을 증진하고 동아시아 지역과의 협력을 강화하기 위하여 1993년의 베이징(Beijing) 지부창립총회에서 결성되었다.

- ESARBICA(Eastern and Southern Africa Regional Branch)

  홈페이지: http://www.ica.org/body.php?pbodycode=ESARBICA&plangue=eng

  ICA의 목적을 증진하고 동아프리카와 남아프리카와의 협력을 강화하기 위하여 1965년의 지부창립총회에서 결성되고, 1976년 수정되었다. 간행물로 *ESARBICA Journal*이 있다.

- EURASICA(Eurasia Regional Branch)

  홈페이지: http://www.rusarchives.ru/branch/international/eurasica.shtml

  http://www.ica.org/body.php?pbodycode=EURASICA&plangue=eng

  ICA의 목적을 증진하고 유라시아와의 협력을 강화하기 위하여 2000년의 모스크바(Moscow) 지부창립총회에서 결성되었다.

- EURBICA(European Regional Branch)

  홈페이지: http://www.eurbica.org

  ICA의 목적을 증진하고 유럽과의 협력을 강화하기 위하여 2001년의 플로렌스(Florence) 지부창립총회에서 결성되었다. 간행물로 *Appraisal and Selection of Documents: Report of the International Survey*(2003)이 있다.

- NAANICA(North American Archival Network)

  홈페이지: http://www.ica.org/body.php?pbodycode=NAANICA&plangue=eng

본 지부는 2004년의 비엔나(Vienna) ICA 총회에서 결성되었다.

- PARBICA(Pacific Regional Branch)

  홈페이지: http://www.parbica.org

  ICA의 목적을 증진하고 태평양 지역과의 협력을 강화하기 위하여 1981년 피지(Fiji)에서의 지부총회 이후, 2001년의 제9차 지부총회에서 결성되었다. 간행물은 다음과 같다.

  - *Building a Low-Cost Archives in the Tropics: Specification and Description*(2003)
  - *PARBICA Compendium of Pacific Archives Legislation*(2001)
  - *PARBICA Panorama, The Darwin Shipping Container Trial: Report and Results*(2002)
  - *Using Shipping Containers for Record Storage: Specification and Description*(2002)

- SARBICA(Southeast Asia Regional Branch)

  홈페이지: http://www.ica.org/body.php?pbodycode=SARBICA&plangue=eng

  ICA의 목적을 증진하고 동남아시아 지역과의 협력을 강화하기 위하여 1968년 쿠알라룸푸르(Kuala Lumpur) 지부총회에서 결성되었다.

- SWARBICA(South and West Asian Regional Branch)

  홈페이지:

  http://www.ica.org/body.php?pbodycode=SWARBICA&plangue=eng

  ICA의 목적을 증진하고 남아시아와 서아시아와의 협력을 강화하기 위하여 1976년 뉴델리(New Delhi) 지부총회에서 결성되었다.

- WARBICA(West African Regional Branch)

  홈페이지: http://www.ica.org/body.php?pbodycode=WARBICA&plangue=eng

  ICA의 목적을 증진하고 서아프리카와의 협력을 강화하기 위하여 1977년 다카르(Dakar) 지부총회에서 결성되었다.

(4) 분 과

- ICA/SMA(Section of Municipal Archives)

  홈페이지: http://municipal－archives.org
- ICA/SIO(Section of Information Organizations)
- ICA/SPO(Provisional Section on Sports Archives)
- ICA/SAE(Section for Archival Education and Training)
- ICA/SPP(Section of Archives and Archivists of Parliaments and Political Parties)
- ICA/SUV(Section of University and Research Institution Archives)

  홈페이지: http://www.library.uiuc.edu/ica－suv
- ICA/SBL(Section of Business and Labour Archives)

  참고 IISH(International Institute of Social History)

  홈페이지: http://www.iisg.nl/index.php

(5) 위원회

- ICA/CBQ(Committee on Archival Building and Equipment)
- ICA/CER(Committee on Current Records in Electronic Environment)
- ICA/CLM(Committee on Archival Legal Matters)
- ICA/CPR(Committee on Preservation of Archival Materials)
- ICA/CSG(ICommittee on Sigillography)
- ICA/CCR(Committee on Current Records in a Non－Electronic Environ)
- ICA/CDS(Committee on Descriptive Standards)

  홈페이지: http://www.icacds.org.uk/eng/home.htm
- ICA/CIT(Committee on Information Technoloy)
- ICA/PDP(Project Group on the Protection of Archives in the Event of Armed Conflict or Other Disaster)

7) 회 원

총 173개국이 회원으로 가입되어 있다. 회원은 국립기록관(Category A), 기록전 문가 및 관련 전문가 협회(Category B), 기록관련기관(Category C), 개인회원 (Category D), 그리고 기록전문가(Category E)의 다섯 종류로 분류된다.

8) 주요사업

2004~2008년의 4대 주요 활동 영역은 다음과 같다.
① 지지와 진흥(리더: Andreas Kellerhals, Swiss Federal Archives)
② 전자기록과 자동화(리더: George MacKenzie, National Archives of Scotland)
③ 보존과 재난(손상) 준비(리더: Ivan Murambiwa, National Archives of Zimbabwe)
④ 전문 교육과 훈련(리더: Nolda Römer‒Kenepa, National Archives of the Netherlands Antilles)

9) 한국과의 관계

① 한국은 1979년 7월 동 기구에 가입하였다.
② A급 회원에는 국가기록원, B급 회원에는 한국국가기록연구원, C급 회원에는 민 주화운동기념 사업이 있다. 개인회원은 없다.
③ 북한은 A급 회원(국가기록관)이 가입되어 있다.

2 정보원

1) 정보원배포정책

'Download Center'에서 출판물 외에도 공식 문헌, 현재 진행 중인 연구 자료나 다른 기구에서 발행한 전문서적들의 검색이 가능하다. 또한 원하는 분야별(주제별), 언어별, 날짜별 검색이 가능하다. 원본을 원할 경우 전자우편(ica@ica.org)으로 연락하면 된다.

2) 출판물

다음 목록은 ICA에서 발행한 대표 출판물들이며 홈페이지상의 'Download Center'에서 무료로 이용 가능하다.

- *Comma*(2001~)

  *Comma, International Journal on Archives*는 본 기구의 대표 출판물로 학술지이다.

- *Flesh*(2003~)

  1년에 세 번 발행되며 ICA의 활동을 보고하는 소식지이다.

- *ICA Standards*

  최상의 실무를 위한 현존의 국가적 및 국제적 표준에 부합하는 국제적 지침과 권고를 제공한다.

- *ICA Studies*

  최근 문제들에 대한 지침과 연구결과 보고서 시리즈이다.

- *CITRA(Conference of the Round Table on Archives) Proceedings*

  연간의 기록관련 국제원탁회의 회의록이다. 1999년까지는 별도로 출판되었으나 현재는 *Comma*에 포함되어 있다.

- *Archival Building Case Studies*

  기록관련분야 장서구축에 유용한 사례연구 시리즈이다.

- **ICA Bibliographies**

  기록관련 단행본, 정기간행물 기사, 회의자료 등에 대한 목록을 광범위하게 제공한다.

- **Archivum**(1951~2000)

  이는 ICA의 리뷰지로서 영어, 불어, 독어, 이탈리아어, 스페인어의 다섯 종류의 언어로 1951년부터 2000년까지 출판되다가 현재 절판되었다.

- **Janus**(1983~2000)

  이는 기록학 분야의 지적 상호교류를 위한 국제적 정기간행물이나 절판되었다.

3) 지침서

- **ISAAR(CPF): International Standard Archival Authority Record for Corporate Bodies, Persons, and Families, First Edition,** 1995(Replaced 2004).

- **ISAAR(CPF): International Standard Archival Authority Record for Corporate Bodies, Persons, and Families, Second Edition,** 2004.

- **ISAD(G): General International Standard Archival Description, Second Edition,** 1999.

ICBS
International Committee of the Blue Shield
국제블루실드위원회

① 기 구

1) 소재사항

소재국가　프랑스

주　　소　C/o The International Council on Archives / Conseil international des
archives 60, rue des Francs‐Bourgeois 75003 PARIS France

전　　화　+33 1 40276306

팩　　스　+33 1 42722065

전자우편　ica@ica.org

홈페이지　http://www.ifla.org/blueshield.htm

2) 성 격

국제블루실드위원회(ICBS)는 박물관, 기록관, 역사적 유적지, 도서관과 관련되는 지
식과 경험 그리고 국제 네트워크를 내세운 문화유산에 관한 다섯 개의 비정부기구
로 조직된 국제적이고 독립적이며 전문적인 조직이다.

3) 설립연혁

블루실드(Blue Shield)란 적십자(Red Cross)와 문화적으로 같은 성격을 지닌 기구로서 블루실드의 상징은 1954년 문화 유적지에 관한 헤이그총회(Hague Convention)에서 정해졌다. 이후 1996년 전쟁이나 자연재해에 의해 파괴되고 있는 전세계 문화유산을 보호하기 위한 일환으로 국제위원회(International Committee)라는 이름이 붙여졌다.

4) 설립목적

① 문화유산을 위협하는 문제나 위급상황에 대한 국제적 대응의 촉진
② 위험에 대비함으로써 문화유산을 지킬 수 있도록 장려
③ 재난으로부터 예방, 통제, 극복할 수 있도록 국가수준 및 지역수준에서 전문가 교육
④ 위험에 처한 유산의 보호를 위한 조언을 통한 역량 제공
⑤ 유네스코, 세계문화유산보존및복구연구센터(ICCROM), 국제적십자위원회 등과의 협력 및 상담

5) 사 명

ICBS의 사명은 세계문화유산을 보호하기 위해 응급상황에 대처하고 협조적인 준비체계를 가질 수 있도록 일하는 것이다.

6) 조 직

(1) 주요 기구

ICBS는 다음의 다섯 개의 비정부기구로 조직되어 있다.
  • CCAAA(Co-ordinating Council of Audiovisual Archives Associations)

- ICA(International Council on Archives)
- ICOM(International Council of Museums)
- ICOMOS(International Council on Monuments and Sites)
- IFLA(International Federation of Library Associations and Institutions)

(2) 지역블루실드(Local Blue Shield)

ICBS는 다수의 국가가 모여서 조직된 것으로 각 국가의 차별되는 전문성과 긴급서비스 등을 함께 한다. 특히 지역블루실드(**Local Blue Shield**)는 포럼을 개최해 서로의 경험을 공유하고 정보를 교환함으로써 문화유산 보호를 위한 빠른 준비능력을 향상시키도록 하고 있다. 또한 그들은 문화유산의 훼손에 대한 국가적 관심을 증가시키는 데에 초점을 두고 있다.

7) 주요사업

ICBS의 사업은 1999년 4월 84개국의 합의에 의해 헤이그총회(Hague Convention)의 두 번째 협안(the Second Protocol)에 명시되어 있다. 특히 ICBS에게는 전쟁상황에서의문화유산보호를위한국가간위원회(Inter‐governmental Committee for Protection of Cultural Property in the Event of Armed Conflict)에 조언을 주는 기관으로서의 새로운 역할이 주어졌다. 기본적인 **ICBS**의 주요사업은 다음과 같다.

① 세계적으로 문화유산을 위협하는 정보의 수집 및 공유
② 문화유산 손상에 대한 공중의 인식 제고
③ 위기관리 기준의 증진
④ 보호, 준비, 대처, 극복방안 개발의 필요성에 대한 정책입안자들과 전문가들의 인식제고
⑤ 응급상황에 대처할 수 있는 전문인력 지원
⑥ 재난대비와 응급 시 빠른 대처를 위한 자원 확보

② 정보원

1) 정보원배포정책

'Statements and Appeals', 'Publications', 'Reports' 그리고 'Bulletins'에서 다음과 같은 출판물을 제공하고 있다. 간행물의 경우 모두 PDF로 제공되고 무료열람이 가능하다. 보고서류는 1998년부터의 것들은 무료로 열람 가능하며, Bulletins의 경우 2007년 5월 현재 두 개가 홈페이지에서 열람 가능하다.

2) 성명서와 호소문(Statements and Appeals)

2000년 이후 ICBS와 관련된 성명서 등을 열람할 수 있다. 목록은 다음과 같다.

- *The 2006 Hague Blue Shield Accord 28th September 2006*
- *Statement by the International Committee of the Blue Shield on Threatened Cultural Property in the Middle East Conflict July 2006*
- *Statement on the Records Looted in East Timor June 2006*
- *Statement by ICBS on the Impact of Hurricane Katrina on the Cultural Heritage of Louisiana, Mississippi and Alabama September 2005*
- *Torino Declaration: Resolutions of the First Blue Shield International Meeting, held in Torino, Italy July 2004*
- *ICBS－Working for the Protection of the World's Cultural Heritage 4 July 2003*
- *ICBS－Statement on the International Support Pledged for the Reconstruction of the Cultural Heritage in Afghanistan 14 March 2003*
- *ICBS－Statement on the Destruction of Cultural Property in the Middle East*
- *The ICBS Expresses its Profound Concern about the Potential Damage to, and Destruction of, cultural Heritage in the Event of War in Iraq*
- *Requirements for National Committees of the Blue Shield; Strasbourg Charter*

14 April 2000

- *Appeal for the Protection of the Cultural Heritage in Yugoslavia 28 January 2000*

3) 출판물(Publications)

2007년 5월 현재 다음의 두 가지 출판물이 제공되고 있다.

- *Selected Bibliography*
- *A Blue Shield for the Protection of our Endangered Cultural Heritage* (International Preservation Issue(IPI) No.4)

4) 보고서(Reports)

- *Cultural Emergency Relief in North Morocco Marks the First Anniversary of Cultural Emergency Response 26 September 2004*
- *Expert Testifies to Systematic Destruction of Cultural Monuments International Criminal Tribunal for Yugoslavia(ICTY): Milosevic Trial－The Hague－Court Room One－Day 213*
- *Video Footage of What Transpired in the Court Room on July 8 July 2003*
- *International Workshop on "Armed Conflicts, Peace Culture and Protection of Cultural Heritage in West Africa",* Conakry, 19－21 May 2003 May 2003
- *Blue Shield Seminar on the Protection of Cultural Heritage in Emergencies and Exceptional Situations November 1998*

5) 회보(Bulletins)

- *Summary Report − Meeting International Committee of the Blue Shield,* Held at the Office of the Prince Claus Fund, The Hague, 18 October 2004
- *Bulletin from the Meeting of The International Committee of the Blue Shield(ICBS),* Held at the International Council of Museums(ICOM), Paris, on 27th January 2004.

ICCROM

The International Center for the Study of the Preservation and Restoration of Cultural Property
세계문화유산보존및복구연구센터

1 기 구

1) 소재사항

소재국가 이태리
주   소 Via di San Michele, 13, I‒00153 Rome Italy
전   화 + 39 06 58 5531
팩   스 + 39 06 5855 3349
전자우편 iccrom@iccrom.org
홈페이지 http://www.iccrom.org

2) 성 격

ICCROM은 문화유산의 보존에 전념하기 위해 설치된 정부 간 국제기구(IGO)이다. 이는 현재 110개 이상의 회원 국가를 대표하여 국제 사회를 위하여 봉사한다.

3) 설립목적

ICCROM의 목적은 보존활동의 질적 향상과 문화적 재산의 중요성에 대한 의식을 높이는 데 있다.

4) 설립연혁

1950년 플로렌스에서 개최된 제5차 UNESCO 총회 이후, UNESCO는 문화재의 보존 및 복구에 관하여 회원국에 조언과 원조를 부여할 목적으로 국제센터의 설치에 대한 검토를 계속하였다. 1957년 4월 이태리정부와 본 센터와의 협정이 체결되어, 1958년 5월 오스트리아, 도미니카, 스페인, 모로코, 폴란드 등 5개국이 가입함으로서 센터의 규정이 발효되었다. 1959년 5월에 본 센터가 로마중앙복구연구소 부지 내에 설립되었고, 1979년 제10차 총회에서 현재의 기구약어인 ICCROM으로 결정되었다.

5) 기 능

다음의 다섯 가지 기능을 통하여 현재와 미래의 문화유산 보존을 지원하고 있다.

① 교육. 새로운 교육 교재와 도구를 개발하고, 전문 교육을 실시한다.

② 연구. 전세계에 유용한 보존활동에 관한 윤리, 척도, 기술방법 등을 포함한 연구방법과 학습법을 논의하는 회의를 주관하며, ICCROM 연구소 또한 운영하여 연구에 주력한다.

③ 정보 제공. 40개 이상의 언어로 되어 있는 8만 개 이상의 자료가 등록된 ICCROM 도서관과 보존복구에 관한 소식과 교육 정보를 홈페이지에 탑재하여 관련 정보를 제공한다.

④ 협동. ICCROM의 모든 활동은 전문가 및 전문기관과 함께 협동하여 수행한다. 구체적인 협동은 기술적 문제에 관하여 조언, 방문, 교육의 형태로 이루어지고 있다.

⑤ 지원. 교육자료를 배포하고, 워크숍 및 다른 활동을 개최하여 공공의 의식을 높이고 보존활동을 지원한다.

6) 조 직

총회 외에 주 의회와 사무국 등으로 구성되어 있다.

(1) 총회(General Assembly)

모든 회원 국가의 대표자에 의해 개최된다. 주요 임무로 ICCROM의 총체적 정책의 결정, 2년마다 활동 프로그램과 예산 승인, 주 의회 회원의 선임, 총재의 지명 등을 수행하고 있다. 매 2년마다 정기적으로 개최된다.

(2) 주 의회(Council)

주 의회의 회원은 문화유산의 보존과 복구 분야의 가장 최상의 전문가들 중에서 선출된다.

(3) 사무국(Secretariat)

총재(Director‐General)와 직원으로 구성되며, 총재는 승인된 활동 프로그램의 수행을 책임진다. 구체적인 기관과 전자우편 주소는 다음과 같다.
· 총재사무실: odg@iccrom.org
· 직영사무소(Sites Unit): sites@iccrom.org
· 수집사무소(Collections Unit): collections@iccrom.org
· 공보실(Office of Communication and Information): oci@iccrom.org
· 도큐멘테이션, 도서관 및 기록관(Documentation, Library and Archives): library@iccrom.org

· 재무회계(Finance and Administration): admin@iccrom.org

(4) 보존 연구단체

ICCROM의 보존 연구를 위한 단체로서 전술의 연구기능 수행을 위하여 2005년에 창설되었다. 이는 ICCROM의 능력 강화를 위하여 구체적으로 다음과 같은 활동을 수행한다.

• 관련 활동을 조직하여 보존 전문가들이 보다 더 광범위한 주제를 탐구하고 다양한 관련자들과 교류한다.
• 보존 연구를 위한 일반적인 접근 그리고 방법론을 고안하고, 국제적 윤리와 표준 및 기술 표준의 정의를 제고하기 위하여 협조한다.
• 문화유산 문제관련 주요 발상과 의견을 격려하고 관련분야 연구를 강화하기 위하여 협조한다.

7) 회 원

2007년 1월 현재 총 119개국이 회원 국가로 가입되어 있다.

8) 한국과의 관계

한국은 1968년 7월 22일자로 본 센터 규약에 가입하였으며, 매 총회에 대표단을 파견하고 있다.

9) 주요 프로그램

(1) ICCROM Forum

광범위한 보존관련 주제로 참신한 생각을 공유하는 국제적인 회의이다.

(2) 예방 보존(Preventive Conservation)

전세계와 각국의 각종 보존관련 응답 프로그램으로 위험 관리관련 국제적인 과정 및 지역과 국가 기관의 프로젝트를 포함한다.

(3) 보존 공유(Sharing Conservation)

보존관련 분야의 정책 입안 강화와 일반적인 기구의 개발을 목적으로 한다.

(4) CollAsia 2010년(CollAsia 2010)

동남아 유산 수집의 보존 상태의 개량을 계획한 **ICCROM**와 **SEAMEO-SPAFA**에 의해 함께 실행되는 7년간의 프로그램이다.

(5) 기록관과 도서관 수집 보존(Archives and Library Collections Conservation)

원고본뿐 만 아니라 음성과 영상기록의 보존도 포함한다.

(6) 유산건설(Built Heritage)

현대적 보존관련 일련의 과정을 포함하는 문화유산 보존관련 프로그램이다.

(7) 아프리카 2009년(AFRICA 2009)

아프리카의 유산 보존을 위한 12년간의 프로그램이다.

(8) ATHĀR

아랍지역의 고고학 유산 관련 장기 프로그램으로 아랍지역의 풍부한 문화유산을 보호하고 제고하기 위한 것이다.

10) 최근 주요전략

ICCROM은 2001년에 향후 2006년부터 2010년까지의 일곱 가지 전략 방향을 채택하였다.

① 회원 국가의 문화유산에 대한 국가 기관의 책임 있는 수용능력 지원
② 국가 보존 정책으로 모험 준비, 예방 보존 및 정비 전략의 통합 격려
③ 모든 유형의 문화유산에 관심을 통합시키는 정책의 제고
④ 다른 기관의 이중 노력을 감소시키는 네트워크를 통한 공동체정신의 진행
⑤ 공동체정신을 프로그램화하여 장기적으로 유지
⑥ 대학 수준의 교과과정에 있는 문화유산 보존 이론과 실습 통합
⑦ 보존과 그 중요성에 관한 정보가 광범위하게 다양한 매체, 대중, 언어에 의해 접근되도록 유지

11) 훈련 및 교육프로그램

ICCROM은 전세계의 전문적인 교육 활동을 위해 새로운 교육 교재 등을 개발하여 제공하는 등 보존 훈련에 공헌하고 있다. 구체적으로 1966년부터 4천여 명의 전문가를 대상으로 한 보존 훈련과 교육이 지속적으로 실시되어 왔다.

12) 특별서비스

(1) 자문서비스(Advisory Services)

ICCROM는 관련분야의 회원 국가와 전문가에게 보존 문제에 대한 일반적인 지원과 자문을 제공한다.

(2) 기술원조서비스(Technical Assistance Service)

ICROM은 문화유산 보존을 위하여 세계적으로 기술원조서비스(TAS)를 지원한다. 보존관련 정기간행물을 무료로 제공하며, 특히 회원 국가 내의 문화유산 보전관련 공공기관과 비영리기구를 대상으로 한다.

② 정보원

1) 정보원배포정책

ICCROM 발간의 출판물, 전단지, 기록물들은 기본적으로 PDF화되어 있어 온라인 상의 열람이 가능하다. 데이터베이스는 보존 피해복구 동원 관련 외부 정보자원 및 연구물로서 홈페이지와 연결되어 있는 등 편리한 접근이 제공되고 있다. ICCROM 소장 자료와 ICCROM 관련 기록은 홈페이지에서 제공하는 도서관목록을 통하여 검색 가능하고 웹 데이터베이스도 열람 가능하다. 뉴스레터(Newsletters)는 스페인어와 아랍어로도 발행된다.

2) 도서관

① ICCROM 도서관은 1959년 길벵끼안재단(Galousete Gulbenkian Foundation) 기부금으로 설립되었다. 도서관은 다양한 언어로 쓰인 문화 보존에 관한 많은 자료를 소장하고 있다.

② 도서관은 ICCROM 본부에 있으며 문화 보존에 관심이 있는 모든 사람에게 개방되어 있다. 열람시간은 월요일에서 목요일까지는 8:30‒17:30, 금요일은 8:30‒17:00까지이다(7월과 8월은 월요일에서 금요일까지, 8:00‒14:30까지).

주　　소　Via di San Michele 13, 1‒00153 Rome Italy

전　　화　+ 39 06 58 55 3367

팩　　스　+ 39 06 58 55 3349

전자우편　library@iccrom.org

홈페이지　http://library.iccrom.com

3) 기록관(Archives)

기록관은 ICCROM의 활동과 기능에 관한 기록을 정리, 보존하여 연구에 이용 가능하게 함을 목적으로 한다. ICCROM이 발족한 1959년부터 현재까지의 기록자료를 보관하고 있다. 주요 기록은 총재의 주 의회, 위원회 및 사무실의 ICCROM 프로그램, 프로젝트, 임무, 기술지원, 훈련, 재정 및 행정 업무와 관련된다. 종이기록 외에 사진과 영상 및 녹음테이프와 같은 대량의 A-V 기록도 보관되어 있다. 건축과 그림 및 계획을 포함하여 A-V 기록도 홈페이지를 통해서 검색 가능하다.

4) 정보원과 목록(Catalogue)

2007년 현재 9만 건 이상의 자료가 등록되어 있다. 문헌의 주요 주제는 역사적인 건물, 도시, 유적지, 이동 가능한 모든 종류의 유산, 보존의 역사와 철학, 분석적 기술, 교육 등이 포함된다. 모든 도서목록은 ICCROM 도서관 홈페이지(http://library.iccrom.org/libris/index.html)와 Bibliographic Conservation Information Network의 홈페이지(http://www.bcin.ca)에서 이용 가능하다. 모든 자료는 영문초록을 포함하고 있으며 키워드를 사용하여 검색할 수 있다. 도서관의 소장품은 단행본과 논문, 6백여 건의 정기간행물, 학회 회보, 일반 참고 자료, 입법문, 국제 권고문, 발췌인쇄, 발행·미발행 보고서, 시청각 자료를 포함하고 있다.

5) 데이터베이스(Database)

ICCROM의 데이터베이스는 연대순으로 구분된 보존관련 정기간행물을 대상으로 하고 있으며, 대주제 아래 소주제별로 분류되어 있다.

6) 주 문

(1) 출판물(Publications)

주   소 Via di San Michele 13, 00153 Rome Italy

전   화 + 39 06 58 55 3372

팩   스 + 39 06 58 55 3349

전자우편 publications@iccrom.org

(2) 뉴스레터(Newsletters)

전자우편 dmn@iccrom.org

ICOMOS

International Council on Monuments and Sites

세계유물및유적지협의회

① 기 구

1) 소재사항

소재국가 프랑스

주   소 ICOMOS International Secretariat 49‑51, rue de 75015 Paris
France

전   화 +33 (0)1 45 67 67 70

팩   스 +33 (0)1 45 66 06 22

전자우편 secretariat@icomos.org

홈페이지 http://www.international.icomos.org/home.htm

2) 성 격

전세계의 역사적으로 중요한 기념물과 유적지 등을 보존하기 위해 1965년 베니스 헌장(Charter for the Conservation and Restoration of Monuments and Sites)에 의해 설립된 국제기구이자 비정부기구(NGO)이다, 한편 본 기구는 유네스코 산하 세계유산위원회(WHC: World Heritage Committee)의 자문기구이기도 하다.

3) 목 적

전세계의 보존 전문가들의 기념물 수집, 평가, 보존 원칙, 보존 기술, 정책 등 관련 정보 교류 및 보존전문가를 위한 훈련 프로그램을 제공한다. 그리고 일반인 또는 보존전공자들을 위해 도큐멘테이션센터 설립을 위한 국제협력을 하고 있다.

4) 회 원

현재 110개 국가가 회원으로 가입되어 있으며, 전세계 21명의 국제과학위원회 (International Scientific Committees) 전문가들이 기념물, 유적지 보존과 보호에 관한 자문을 하고 있다. 특히 기념물의 보존, 복원, 문화적 환경 경영을 위한 표준을 확립하려고 노력하고 있다.

5) 조 직

총회, 각종 위원회, 그리고 국제비서국으로 구성되어 있다.

(1) 총 회

총회(General Assembly)에서는 총재, 부총재, 사무관, 회계담당자를 선출한다. 이들이 사무국을 운영하며 집행위원회 12인을 임명한다. 공식적인 총회는 1981년 로마에서 개최되고, 1987년 워싱턴에서 개최된 후 3년마다 개최되었다. 1996년 불가리아 소피아(Sofia)에서의 총회 개최 이후 2002년에 스페인의 마드리드

(Madrid)에서 개최되었다.

(2) 집행위원회

12명의 회원, 사무국 임원, 협동간사 5인으로 구성되어 있다. 공인된 전문자격을 갖추어야 하며, 주요 업무는 프로그램과 예산, 그리고 기타 모든 활동을 실행 및 감독한다.

(3) 자문위원회

국가위원회의 총재들로 구성되어 있다. 주요 역할은 집행위원회가 수행하는 다양한 프로그램들과 업무에 대해 자문하는 것이다.

(4) 국가위원회(National Committees)

국가적인 차원에서 만들어진 ICOMOS연합이다. 개인 및 기관 회원에게 토론과 정보 교환의 기회를 제공하며, 현재 110개국의 국가위원회가 구성되어 있다. 각 국가위원회는 ICOMOS의 목적과 목표에 부합하는 개별적인 절차와 개별 프로그램을 설계하기도 하며, ICOMOS의 집행위원회(Advisory and Executive Committees)가 제안하는 프로그램을 이행하기도 한다.

(5) 국제과학위원회(International Scientific Committees)

ICOMOS의 주요 관심 분야의 한 영역인 보존 이론과 과학적 기술을 개발하는 책임을 지고 있다. 각 국제과학위원회와 홈페이지는 다음과 같다.

- 20th Century Heritage
  홈페이지: http://icomos-isc20c.org
- Cultural Landscapes ICOMOS-IFLA
  홈페이지: http://www.icomos.org/landscapes
- ICOMOS(International Scientific Committee on Fortifications and Military Heritage)

홈페이지: http://icofort.googlepages.com

- ICIP/ICOMOS(International Committee on Interpretation and Presentation of Cultural Heritage Sites)

  홈페이지: http://icip.icomos.org

- CIPA, Heritage Documentation

  홈페이지: http://cipa.icomos.org

- ICAHM(International Committee for Archaeological Heritage Management)

  홈페이지: http://www.icomos.org/icahm

- CIAV(International Committee for Vernacular Architecture)

  홈페이지: http://www.icomos.org/ciav

- CIVVIH(International Committee on Historic Towns and Villages)

  홈페이지: http://civvih.icomos.org

- ICOMOS International Wood Committee

  홈페이지: http://www.icomos.org/iiwc

- Legal, Administrative and Financial Issues

  홈페이지: http://www.icomos-iclafi.org/index.html

- Cultural Route

  홈페이지: http://www.icomos-ciic.org

- Cultural Tourism

  홈페이지: http://www.icomos.org/tourism

- IPHC(International Polar Heritage Committee)

  홈페이지: http://www.icomos.org/tourism

(6) 국제 비서국

파리 ICOMOS 본부에 설치되어 있으며, 총회에서 결정된 프로그램들의 수행을 관장한다. 1978년 5월 22일 모스크바에서 열린 15회 일반회의에서 해당 활동 관련 법령이 채택되었다. 구체적인 활동은 다음과 같다.

- ICOMOS 국가위원회의 성장 촉구

- 문화적 재산을 위한 융통성 있는 경영기술과 훈련 프로그램을 정의 및 개발
- 파리에 있는 ICOMOS 국제 문헌 센터 발전과 함께 비디오 및 슬라이드 도서관 설립
- 유산 관리의 요청에 따른 조직과 관리 제공
- 보존에 관한 법률적 문제에 관한 질문 중재

6) 한국과의 관계

우리나라는 1995년에 석굴암, 불국사, 해인사 팔만대장경 장경판전(장경각), 그리고 종묘가 ICOMOS에 등록되었다. 2000년에는 창덕궁과 수원 화성, 그리고 2004년에는 고구려 유적이 추가로 ICOMOS에 등록·확정되었다.

7) 유물·유적기념일(Celebrate 18th April)

ICOMOS는 유물·유적기념일을 4월 18일로 지정해 각종 행사와 매스컴을 통하여 보존에 관한 공공의 흥미와 관심을 유도하고 있다. 2001년부터 2007년까지의 기념일 주제는 다음과 같다.

- 2007: Cultural Landscapes and Monuments of Nature
- 2006: Industrial Heritage
- 2005: 40th Anniversary of ICOMOS
- 2004: Earthen Architecture and Heritage
- 2003: Underwater Cultural Heritage
- 2002: 20th Century Heritage
- 2001: Save our Historic Villages

② 정보원

1) 정보원배포정책

초기 ICOMOS의 정기간행물(1967~1984)의 기사는 모두 온라인으로 제공되어 검색 가능하다. 'Database Online', 'Documents PDF' 등을 구축하였고, 각종 데이터베이스 외에 각종 기록 및 간행물을 PDF로 제공하고 있다.

2) 도큐멘테이션센터(Documentation Centre)

ICOMOS의 본부에 설치되어 있으며, 유물 보존에 관련된 정보와 특별 서지데이터베이스를 수집·분석하여 배포하고 있다. 이 센터는 ICOMO의 회원, 비회원 관계없이 모든 연구자들에게 개방하고 있다.

3) 출판물과 도큐먼트(Publications/Documents)

ICOMOS 자체 출판물, 연4회의 회보, 보도자료(*ICOMOS News*), 과학잡지, 각종 출판 시리즈 등을 발간한다.

4) 과학위원회의 정기간행물(Scientific Journals)

- *Cultural Tourism*(Symposium)
- *Archaeological Heritage Management*(Symposium)
- *Economics of Conservation*(Symposium)
- *Archaeological Heritage Management*
- *Architectural Photogrammetry*
- *Conservation Economics*
- *Cultural Tourism*

- *Earthen Architecture*
- *Historic Gardens and Sites*
- *Historic Towns*
- *Rock Art*
- *Stained Glass*
- *Training*
- *Vernacular Architecture*
- *Wood*

5) 유물과 유적지관련 출판물(Monuments & Sites)

- *I: International Charters for Conservation and Restoration.*
- *II: The Terracota Army of the First Chinese Emperor qin Shihuang.*
- *III: The Polychromy of Antique Sculptures and the Terracotta Army.*
- *IV: Puebla, Patrimonio de Arquitectura Civil del Virreinato.*
- *V: Vernacular Architecture.*
- *VI: Magnetic Prospecting in Archaeological Sites.*
- *VII: Building Archaeology.*
- *VIII: Cultural Heritage in the Arctic and the Antarctic Regions.*
- *IX: La Representatividad en la Lista del Patrimonio Mundial.*
- *X: Identificacion, Promocion e Inventario de los Itinerarios Culturales / Identification, Promotion and Inventory of Cultural Routes*
- *XI: The Venice Charter/La Charte de Venise 1964－2004－2044?*
- *XII: The World Heritage List: Filling the Gaps － an Action Plan for the Future*
- *XIV: Ciudades Historicas Iberoamericanas*

6) 그 외 출판물(Others Publications)

- *Report on Economics of Conservation: An Appraisal of Theories, Principles and Methods*
- *Seminar on 20th Century Heritage.* Helsinki June 18 - 19 1995
- *ICOMOS European Conference: "Authenticity and Monitoring".* Cesky Krumlov, October 17 - 22, 1995
- *Routes as Part of Our Cultural Heritage*
- *2nd ICAHM International Conference: Archaeol. Remains. In Situ Preservation*
- *Architectural Preservation in Japan*
- *Risk Preparedness*
- *Nara Conference on Authenticity*

ICRM

Institute of Certified Records Managers

기록관리사인증기구

① 기 구

1) 소재사항

소재국가   미국

주   소   5818 Molloy Road, Syracuse, NY 13211 USA

전   화   +1 315 234 1904

팩   스   +1 315 474 1784

전자우편   admin@icrm.org

홈페이지   http://www.icrm.org

2) 성 격

ICRM은 기록관리전문가 및 정보관리자를 위한 국제적 인증 기구로서 기관의 법전
에 기초하는 통치위원회(Board of Regents)에 의해 운영되는 독립적인 비영리 기구
이다.

3) 설립연혁

ICRM은 기록 및 정보의 관리가 능력과 경험의 기준을 바탕으로 측정되고, 인정되고, 공식적으로 승인될 수 있다고 생각하는 사람들에 의해 1975년에 설립되었다. ICRM은 국제기록관리자및행정가협회(ARMA International: Association of Records Managers and Administrators, International) 그리고 핵정보기록관리협회(NIRMA: Nuclear Information Records Management Association)의 공식적 인증기관이다.

4) 설립목적

ICRM은 자격시험 및 자격시험 유지 프로그램을 포함한 기록관리의 전문가로서의 자격증을 위한 프로그램을 개발하고 경영하는 것이 설립목적이다.

5) 조 직

미국, 캐나다, 뉴질랜드, 호주, 일본의 인증된 기록관리사들(CRMs: Certified Record Managers)로 조직되어 있다. 이들은 전문적인 기록과 정보관리자들로서 개별적으로 다양한 기록시스템과 기록관, 컴퓨터화, 마이크로그래픽, CD 기술 등에 대한 경험을 갖고 있다. 뉴스레터와 주소록을 발행하며, 연간회의 및 리셉션 활동이 있다.

6) 주요사업

① 기록관리사자격증(CRM: Certified Records Managers) 제도

이는 ICRM에 의해 생성·운영되는 자격증제도로서 교육과 업무 경험에 관한 자격요건과 필수시험을 통과해야만 CRM 자격증을 취득할 수 있다. 실제 CRM들과 CRM 후보자들은 자격증을 취득함으로서 더 나은 전문성과 개인적인 성장의 기회를 갖음을 신뢰한다는 연구결과가 나왔다. CRM 자격증 시험은 다음의 여섯 가지로 나뉜다. 이 모두를 통과해야만 CRM 자격증이 주어진다.

- Part 1. 기본관리이론 및 기록관리 프로그램
- Part 2. 기록 생성 및 이용
- Part 3. 기록 시스템, 보관, 복원
- Part 4. 기록 평가, 유지, 보호, 배치
- Part 5. 설비, 보급, 기술
- Part 6. 사례연구

② 교육과 시험

본 기구는 기록관리사 인증 기구로서 기록관리사자격증 취득을 위한 전문적인 교육 및 시험을 실시하여 전문적인 기록관리사 양성을 도모하고 있다.

② 정보원

1) 정보원배포정책

'Newsletter'에서 CRM들을 위해 발간되는 뉴스레터를 검색·열람할 수 있다. 홈페이지의 'Institute Information'의 하위메뉴에 'Publications' 항목이 있으나, 직접 열람 가능한 출판물은 제공되고 있지 않다. 따라서 ICRM의 출판물을 열람하려면 직접 요청을 해야 한다.

2) 뉴스레터(Newsletter)

홈페이지의 'Members Information'의 하위메뉴에서 'Newsletter' 항목을 찾을 수 있다. *Newsletter*는 1년에 4회에 걸쳐 발간되는 계간 성격을 띠며, 2007년 현재 2002년 가을호부터 2007년 봄호까지 PDF로 제공되고 있으며 무료로 열람 가능하다.

IDA

Informieren Dokumentieren Archivieren

여성도서관 · 기록관 · 도큐멘테이션센터기구

1 기 구

1) 소재사항

소재국가 독일

주   소 Archiv der deutschen Frauenbewegung Gottschalkstr. 57, 34127 Kassel
         Germany

전   화 +49 561 9893670

팩   스 +49 561 9893672

전자우편 ida@addf－kassel.de

홈페이지 http://www.ida－dachverband.de/en_kurzinfo.htm

2) 설립연혁

여성도서관 · 기록관 · 도큐멘테이션센터기구는 독일인과 오스트리아인 그리고 스위
스인들이 모여 1994년에 결성한 기구이다.

3) 설립목적

① 여성도서관 · 기록관 · 도큐멘테이션센터의 보이지 않는 곳에서 이루어낸 작업들
   에 대한 관심 유도

② 네트워킹과 정기적인 모임을 통하여 전문가들과 개인들의 지식 및 아이디어 교환, 교육, 공공관계 개발

4) 회 원

회원들은 독일, 오스트리아, 스위스, 룩셈부르크인들로 구성되어 있다. IDA의 회원들은 연구 및 기록관과 관련된 문제에 대한 상담을 제공받을 수 있다. 또한, 큰 기관들의 홈페이지나 그들의 데이터베이스를 이용하여 필요한 자료를 검색할 수도 있다.

5) 주요사업

IDA는 회원기구들을 위한 경제적이고 정치적인 지원을 받기 위한 사업을 벌인다.

② 정보원

1) 정보원배포정책

IDA는 홈페이지를 통하여 독어 기반의 자료를 제공하고 있으며 영문으로 검색열람 가능한 정보원관련 기본사항을 찾아볼 수 있다.

2) 여성도서관(Women's Libraries)

· 여성관련 도큐멘테이션센터로서 집합적 기록관이며, 또한 여성운동의 살아 있는 센터이다.
· 여성의 역사, 여성의 활동, 여성의 정치, 여성의 문화에 관한 문서와 기록들을 보관한다.

- 서적, 잡지, 회색문헌(grey literature), 자서전, 사진, 음악, 시청각기록 등을 수집, 정리, 이용토록 한다.
- 일반 도서관에서는 찾기 어려운 여성관련 정보들을 보유하고 있다.
- 여성도서관은 정보제공의 역할 이외에 학구적인 페미니스트 담론을 전반적이고 전문적으로 적용하는 역할도 한다.
- 과학적이거나 미디어에 관한 연구조사, 전시회, 정치토론, 캠페인, 이벤트 등의 특별 서비스도 제공한다.
- 여성도서관은 모든 여성의 협동을 지원하는 도시와 지역 내 여성 네트워크의 일환이다.

IFFA/FIAF

International Federation of Film Archives

국제영상기록연맹

① 기 구

1) 소재사항

소재국가 벨기에

주   소 FIAF Secretariat, Rue Defacqz 1, 1000 Brussels Belgium

전   화 +322 538 3065

팩   스 +322 534 4774

전자우편 info@fiafnet.org

홈페이지   http://www.fiafnet.org/uk

2) 성 격

국제영상기록연맹(IFFA/FIAF)은 앞서가는 전세계 영상기록관련 전문적인 기록관
간의 중요한 네트워크 역할을 수행하는 기구이다.

3) 설립연혁

IFFA/FIAF는 1938년에 설립된 60년 이상의 경험을 가진 기구로서, 전세계의 동영
상 관련 전문기관들의 네트워크라고 할 수 있다. 현재 IFFA/FIAF의 협력기관들은
역사적 기록 또는 예술과 문화 작품으로서의 가치를 지닌 영상기록의 구제(rescue),
수집, 보존, 심사(screening)를 위해 봉사한다.

4) 설립목적

① 영상물 보존과 영상기록 관련 모든 분야의 실제적인 기준 유지
② 영상기록관이 부족한 국가에서의 기록관 설립 촉진
③ 영상기록관이 활동하는 데 있어서 법적 환경 증진 추구
④ 영상문화를 촉진시키고 국가적 그리고 국제적 단계에서의 사실에 바탕을 둔 역
   사적 연구 장려
⑤ 보존 및 다른 기록 기술에 관한 교육 및 전문화
⑥ 보다 광범위한 커뮤니티에 의한 연구 및 조사를 위한 영구적인 자료 확보
⑦ 영화 관련 기록 및 자료의 보존 및 수집 장려
⑧ 영상과 기록의 국제적 효용성을 확고히 하기 위한 회원들 간의 협력 개발

5) 회 원

- IFFA/FIAF의 회원들은 관련활동에 적극 참여하는 기록관들로 구성되어 있다.
- 약 65개국에서 120개 이상의 기관들을 회원으로 두고 있다. 구체적으로 비영리 기관, 정부기록관, 독립적 기금 및 신탁, 전위영화전문소극장, 박물관 및 대학관 련부서 등이 포함된다.
- IFFA/FIAF 제휴 회원들은 영상물 보존에 관련하지는 않지만 IFFA/FIAF의 목적 을 지지하는 비영리 기관들로 구성되어 있다. 예를 들면 영상이미지 박물관, 비 디오테크, 도큐멘테이션센터 등이 그렇다.

6) 조 직

(1) 연간의회(Annual Congress)

IFFA/FIAF는 매년 각각 다른 국가에서 의회를 개최한다. 의회에는 IFFA/FIAF의 공식적인 사업과 관련 있는 총회가 포함된다.

(2) 위원회(Commissions)

- 위원회는 회원기록관의 개인전문가 그룹으로 구성된다.
- 위원회는 이론적이면서도 실제적인 기준의 개발 및 유지를 지지한다.
- 프로그램 추진을 위해 정기적 모임을 가진다.

(3) 특별위원회(Specialized Commission)

다음과 같이 세 개의 특별위원회가 있다.
- 기술위원회(Technical Commission)
- 목록 및 도큐멘테이션위원회(Cataloguing & Documentation Commission)
- 프로그래밍 및 장서접근위원회(Programming & Access to Collections Commission)

7) 프로젝트

IFFA/FIAF는 다음의 세 가지 프로젝트를 진행하고 있다.

- 정기간행물 색인 프로젝트(PIP: Periodicals Indexing Project)
  IFFA/FIAF 회원들이 기부한 영상관련 정기간행물을 국제색인 기준에 맞춰 정리하기 위한 프로젝트이다.
- 영상필름 긴급구조 프로젝트(Reel Emergency Project)
  위험에 처해 있거나 또는 종말의 위기에 있는 영상기록을 확실하게 지원하기 위한 프로젝트이다.
- 구술기록 프로젝트(Oral History Project)
  IFFA/FIAF 자체 및 회원기록관의 역사와 관련된 구술기록을 대상으로 하는 프로젝트이다. 이는 IFFA/FIAF가 유럽 및 미국기록관들에 의해 설립되었기 때문에 대체로 해당지역 기록관의 역사와 깊은 연관을 가지고 있다.

8) 관련단체

- CCAAA(Co-Ordinating Council of Audiovisual Archives Associations)
  홈페이지: http://www.ccaaa.org
- AMIA(Association of Moving Image Archivists)
  홈페이지: http://www.amianet.org
- FIAT/IFTA(International Federation of Television Archives)
  홈페이지: http://www.fiatifta.org
- IFLA(International Federation of Library Associations and Institutions)
  홈페이지: http://www.ifla.org
- ICA(International Council on Archives)
  홈페이지: http://www.ica.org
- IASA(International Association of Sound and Audioviual Archives)
  홈페이지: http://www.iasa-web.org

• SEAPAVAA(South East Asia‑Pacific Audiovisual Archive Association)

　홈페이지: http://www.seapavaa.org

② 정보원

1) 정보원배포정책

'News' 및 'Publication'에서 IFFA/FIAF 관련 정보를 찾아볼 수 있다. 출판물의 경우 주문 구입하는 것을 원칙으로 하고 있고, 전자출판물(E‑publications)이나 온라인데 이터베이스(Online Database)를 통해서만 온라인상에서 무료열람이 가능하다. 그 외 원하는 정보를 검색하기 위해서는 다음과 같은 홈페이지로 별도 접속해야 한다.

· http://www.ovid.com/site/contacts
· http://fiaf.chadwyck.co.uk

2) 보도자료(News)

'IFFA/FIAF News'와 'Other News'로 구분하여 IFFA/FIAF 관련 보도내용과 다른 기관관련 보도내용을 제공하고 있다. 'News Archives'를 통해 전체 보도내용 목록 을 한번에 검색 가능하다. 이와 관련한 2007년 5월 말 현재까지의 대표적인 최근 목록은 다음과 같다.

① IFFA/FIAF 보도자료(News)

- *Lausanne ‑ The Swiss Film Archive Recruits a New Director for March 1st 2008*
- *FIAF Reel Emergency Project(Request 10)*
- *FIAF Reel Emergency Project(Request 9)*

- *Luxembourg ─ Colloque «Images Amateurs: Valorisation et Manipulation» (21 ─ 23 janvier 2008, Luxembourg)*
- *Tirana ─ New Director at Albanian Film Archive*
- *New York / MoMA ─ Appointment of New Chief Curator of Department of Film*
- *FIAF Executive Committee 2007～2009*
- *New FIAF Affilates*
- *Mary Lea Bandy - FIAF Honorary Member*
- *Wiesbaden ─ Eberhard Spiess In Memoriam*
- *Bois d'Arcy ─ Béatrice de Pastre Nommée Directrice des Collections du CNC*
- *Film Restoration Summer School / FIAF Summer School 2007*
- *Paris ─ Fusion de la Bibliothèque du Film avec la Cinémathèque Française ─ Communiqué de Presse*
- *Paris ─ Merger of the Bibliothèque du Film into the Cinémathèque Française ─ Press Release*

② 그 외 보도자료

- *Cannes 2007 ─ The World Cinema Foundation(WCF)*
- *Prix France Culture Cinéma 2007 à Rithy PANH*
- *CCAAA ─ 2007 Joint Technical Symposium in Toronto, Canada*

3) 온라인 데이터베이스(Database Online)

온라인 데이터베이스에서는 세트로 구성되어 있는 자료의 목록을 제공한다. 대부분 이 주문 구입하여야 열람 가능하다.

- *International Index to Film Periodicals*
  1972년 이후부터 현재까지 가장 학구적이고 유명한 영상관련 정기간행물 제공
- *International Index to Television Periodicals*
  1979년부터 2000년까지의 약 5만 건의 논문 제공

- *Treasures from the Film Archives*
  지금까지 기재되지 않은 영상기록에 관한 독특한 정보 제공

- *Bibliography of FIAF Members Publications*
  1966년 이후로 IFFA/FIAF가 출판한 자료들에 대한 인용문을 매년 업데이트하여 제공

- *International Directory of Film/TV Documentation Collections*
  세계적으로 주요한 영상기록관, 도서관, 교육기관의 영상 도큐멘테이션 컬렉션에 관한 자세한 정보 제공

4) 전자출판물(E-publications)

- *Journal of Film Preservation*
  IFFA/FIFA의 출판물로서 부정기적이긴 하나 일 년에 두 번 간행되며, 1995년 11월(51호)부터 2006년 11월(72호)까지 전자저널로 제공되고 있다.

- IFFA/FIAF Members Publications
  2002년부터 2005년까지 회원들의 출판물에 대한 목록을 PDF로 제공한다.(*2002 FIAF Members' Publications ~ 2005 FIAF Members' Publications*)

IFHRO
International Federation of Health Record Organization
국제건강기록기구연맹

① 기 구

1) 소재사항

소재국가 미국

주   소 Roper St. Francis Healthcare 316 Calhoun Street Charleston, SC 29401
USA

전   화 +1 843 724 2995

전자우편 info@ifhro.org

홈페이지 http://www.ifhro.org

2) 성 격

국제건강기록기구연맹(IFHRO)은 정보기술과 건강기록을 통한 정보 교환을 하도록
하는 포럼으로서 국제기구의 역할을 하기 위해 설립되었다. 건강기록 전문가들이
건강기록 및 기록시스템을 이행 및 발전시킬 수 있도록 지원하는 국가 연합체이다.

3) 설립연혁

IFHRO는 건강기록의 이용을 증가시키기 위해 모인 국가 조직들의 포럼을 계기로
1968년에 설립되었다.

4) 설립목적

① 모든 국가에서 건강기록과 정보관리의 이용 및 개발 장려
② 국제 건강기록과 정보관리 기준의 이용과 개발 증진
③ 건강기록과 정보관리 관련 필수교육 및 교육프로그램에 관한 정보교환 제공
④ 전세계 건강기록과 정보관리 관련 종사자들 간의 교육과 의사소통을 위한 기회 제공
⑤ 정보 기술과 전자 건강기록의 이용 촉진

5) 이니셔티브(Inititive)

2003년 6월, 캐나다건강정보관리협회(CHIMA: Canadian Health Information Management Association)와 미국건강정보관리협회(AHIMA: American Health Information Management Associaion)는 공공의 관심사와 문제들에 관한 아이디어를 공유하기 위해 만났으며, 이 모임에서 이루어진 여론은 건강기록 및 정보관리 전문가들을 위한 다음의 세 가지 이니셔티브(Inititive)를 도출해 내었다.
① 전자 건강기록
② 개인 건강 정보 프라이버시 및 보안
③ 시스템과 용어 분류 및 데이터 특성을 포함한 임상 데이터 관리

6) 조 직

(1) 지역분과

IFHRO는 북미대륙, 유럽, 동부지중해/아프리카, 동남아시아, 서부태평양지역의 총 다섯 개의 지역으로 구분하여 운영하고 있다.

(2) 집행위원회

지역분과의 다섯 개의 지역 중 동부지중해와 아프리카를 분리한 총 여섯 개 지

역의 대표들과 임원진으로 집행위원회가 구성된다.

(3) 총 회

집행위원회는 총회에 보고를 하도록 되어 있고, 총회는 3년에 한 번 개최된다.

7) 주요사업

① 국제건강기록의회(International Health Records Congress). 3년에 한 번씩 열리는 본 의회는 IFHRO 회원국이 순차적으로 주최한다. 본 의회는 모든 회원국들이 한자리에 모여 각국의 관심사를 공유하고 교육프로그램이나 네트워킹에 참여할 수 있는 기회를 제공해 준다.

② 뉴스레터. 국제건강기록뉴스레터인 'The Link'는 홈페이지상에서 적어도 1년에 한 번씩은 출판·탑재되고 있다. 이것은 흥미롭고 정보를 제공하는 글들을 포함하여 회원국들의 건강기록활동에 관한 정보를 제공하고 있다.

③ 교육프로그램. 교육프로그램과 상담은 각 국가에서 원할 때마다 제공된다. 건강기록 교육자료 또한 제공되기도 한다.

④ 정보위원회, 과제모임, 프로젝트. 회원들에게 국제위원회, 과제집단 또는 프로젝트에 참여할 기회가 주어진다.

8) 관련단체

(1) 세계보건기구(WHO)

IFHRO는 세계보건기구와 제휴관계에 있는 비정부기구이다. WHO의 회의에 대표자들을 파견하며, 세계보건기구의 건강기록 및 정보시스템 관련 프로젝트에 참여하여 일하고 있다.

(2) 국제의학정보협회(1MIA: International Medical Informatics Association)

IFHRO는 또한 국제의학정보협회와 파트너십 관계에 있다. 국제의학정보협회는 관심이 있는 전문가들에게 뉴스레터를 제공하거나 회의에 참가하여 정보를 공유할 수 있는 기회를 제공하고 있다.

② 정보원

1) 정보원배포정책

'Publications', 'Regional Reports', 'Resource Center', 그리고 'Learning Center'에서 IFHRO에서 제공하는 정보원들을 검색할 수 있다. 모든 정보는 무료로 열람 가능하도록 제공되고 있다.

2) 뉴스레터(Newsletter)

출판물(Publications) 항목부분에 IFHRO의 정기간행물인 뉴스레터를 링크시켜 놓고 있다. 제공되는 뉴스레터는 다음과 같다.

- *2003 Issue 1(May 2003) ~ 2003 Issue 3(December 2003)*
- *2004 Issue 1(April 2004) ~ 2004 Issue 2(August 2004)*
- *Addendum for the International Congress*
- *2005 Issue 1(March 2005)*

3) 지역보고서(Regional Reports)

지역보고서에서는 IFHRO의 다섯 개 지역의 건강기록과 정보관리 활동에 대한 내용을 제공하고 있다. 구체적인 출판물들은 직접 전자우편으로 요청해야 한다. 그 외의 출판물 중 2007년 5월 현재 *Report on a Meeting of the IFHRO European Regional Team(ERT)*(Millan, October 2006)가 홈페이지 상에서 제공되고 있다.

4) 자원센터(Resource Center)

'Resource Center'에서는 전세계의 건강기록 및 정보관리와 관련된 링크 및 정보를
제공한다. 2007년 5월 현재 *Medical Records Manual: A Guide for Developing
Countries*는 인터넷상에서 무료로 열람 가능하도록 제공되고 있는 출판물이다.

5) 학습센터(Learning Center)

'Learning Center'에서는 전세계의 건강기록 및 건강정보관리 전문가들을 위한 교육
자료 및 우수사례를 제공한다.

- Module 1: The Health Record
- Module 2: Patient Identification, Registration, and the Master Patient Index
- Module 3: Record Identification Systems, Filing, and Retention of Health Recrods
- Module 4: Healthcare Statistics
- Module 4: Exercises
- Module 4: Answer Key
- Module 5: Planning a Health Record Department
- Module 6: Administration and Management of the Health Record Department

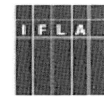

IFLA

International Federation of Library Associations and Institutions

국제도서관협회연맹

① 기 구

1) 소재사항

소재국가 네덜란드

주   소 P.O. Box 95312, 2509 CH The Hague Netherlands

전   화 +31 70 3140884

팩   스 +31 70 3834827

전자우편 IFLA@ifla.org

홈페이지 http://www.ifla.org

2) 성 격

국제도서관협회연맹(IFLA)은 도서관과 정보서비스, 그리고 이용자들의 관심을 대표하는 선두적인 국제기구이다. IFLA는 도서관과 정보 전문에 대한 글로벌 보이스(global voice)라 할 수 있다.

3) 설립연혁

IFLA은 1927년 스코틀랜드의 에든버러(Edinburgh)에서 열린 국제회의에서 설립되었으며, 2007년 80주년을 기념하기에 이르렀다. 전세계적으로 150개국의 1,700명이 넘는 회원이 가입되어 있는 IFLA는 1971년 네덜란드 국립도서관에 본부를 등록하였다.

4) 설립목적

① 높은 수준의 규정과 도서관과 정보서비스의 제공 촉진
② 좋은 도서관과 정보서비스의 가치에 대한 폭넓은 이해 장려
③ 전세계 회원들의 이익을 대표

5) 사 명

① 세계인권선언 제19항에 있는 정보, 상상의 아이디어와 작품, 표현의 자유에 접근할 자유원칙 승인
② 인간, 커뮤니티, 조직이 그들의 사회, 교육, 문화, 민주, 경제적 안녕을 위하여 동등한 정보 접근이 필요하다는 믿음
③ 양질의 도서관과 정보서비스를 제공하는 것이 곧 정보로의 접근(access)이란 것을 보장한다는 신념
④ 모든 회원들이 그들의 활동을 관여하고 이익을 얻을 수 있도록 하는 의무

6) 조 직

IFLA는 점점 더 확대되는 전세계 커뮤니케이션의 필요성을 반영하여 2001년에 관리체계를 개정하였으며, 그 조직구성은 다음과 같다.

(1) 총회(General Council)

총회는 투표권이 있는 회원들로 진행되며, 내해 연간회의가 개최된다. 총회에서는 IFLA의 수장과 이사회를 선출하며, 결의안의 통과여부가 결정된다.

(2) 자문회(Council)

회원들의 자문회는 최상위의 관리모임으로서 매해 정기총회를 개최한다.

(3) 이사회(Governing Board)

이사회는 총회에 의해 의결된 정책에 따라 **IFLA**의 관리 및 전문적 방향을 제시한다. 이사회는 적어도 1년에 두 번은 개최되며, 그중 한 번은 해마다 열리는 세계도서관및정보의회(**World Library and Information Congress**)에서 열린다.

(4) 집행위원회(Executive Committee)

집행위원회(**Executive Committee**)는 이사회에 의해 위임된 **IFLA**의 방침을 감시하는 역할을 한다.

(5) 전문위원회(Professional Committee)

IFLA의 모든 활동의 유기적인 연결이 가능하도록 하는 역할을 한다. 본 위원회는 적어도 1년에 두 차례 회의를 개최하며, 그중 한번은 **IFLA** 총회에서 열린다.

(6) 지역회의(Regional Meetings)

이는 각 지역별 회의로서 전문회의, 세미나, 워크숍 등이 전세계적 차원으로 개최된다.

7) 회 원

· **IFLA**는 투표권을 가지는 회원의 경우 협회회원(**association members**)과 학회회원(**institutional members**)의 두 분류로 구분된다.
· 국제기구의 경우 국제협회회원(**international association members**) 또는 국가협회회원(**national association members**)으로 구분한다.
· 개인의 경우 **IFLA**에 가입하고 싶은 경우는 개인회원(**personal affiliates**)으로 가

입 가능하다.

8) 파트너십

(1) 법인파트너(Corporate Partners)

현재 정보산업분야 25개 이상의 법인기업이 IFLA와의 파트너로서의 관계를 맺고 있다. 재정적인 지원을 함으로서 기업들은 그들의 상품 및 서비스에 대한 광고 기회의 이익을 수여받는다.

(2) 관련단체

· IFLA는 정보의 정기적인 교환의 기회를 제공하는 공통 관심사를 갖고 있는 여러 기관들과 좋은 파트너 관계를 유지하고 있다.
· 유네스코(UNESCO), 세계과학위원회(ICSU: International Council of Scientific Unions), 세계지적재산권기구(WIPO: World Interllectual Property Organization), 국제표준화기구(ISO: International Organization for Standardization)를 공식적인 협회로 두고 있다.
· 1999년에는 세계보건기구(WTO: World Trade Organization)와 협정을 맺기도 했다.
· 국제출판협회(IPA: International Publishers Association) 등을 포함한 비정부기구(NGO) 등을 자문기구로 두고 있다.

(3) 기록관련 회원

기록 및 기록관리 관련 회원은 다음과 같다.
· ICA(International Council on Archives)
· ICOM(International Council of Museums)
· ICOMOS(International Council on Monuments and Sites)
· ICBS(International Committee of the Blue Shield)

9) 주요사업

IFLA는 다음과 같은 사업을 적극적으로 추진하고 있다.

① ALP(Action for Development through Libraries Programme)
   도서관 프로그램을 통한 개발을 위한 활동 사업
② PAC(Preservation and Conservation)
   기록물 보존과 보호 유지를 위한 활동 사업
③ ICABS(IFLA‒CDNL Alliance for Bibliographic Standards)
   IFLA와 CDNL 연합 도서목록 표준화 활동 사업

② 정보원

1) 정보원배포정책

'IFLA Publications'와 'Electronic Collections'를 통하여 IFLA에서 보유하고 있는 모든 종류의 자료와 기록들을 볼 수 있다. IFLA 회원의 관련 정보원을 찾을 수 있는 유용한 사이트도 링크하여 제공하고 있다.

2) 출판물(Publications)

다음 목록은 IFLA의 대표 출판물들이다.

- ***Corporate Documents***
  IFLA 연간회의의 보고서(2000년~2002년, 2004년)를 온라인상에서 열람할 수 있다.

- **IFLA Journal**

  1년에 4회 발간되는 IFLA의 정기간행물로써 1993년 자료부터 온라인상에서 열람 가능하다.

- **International Cataloguing and Bibliographic Control(ICBC) Journal**

  1년에 4번 출간되는 정기간행물로써 전자우편(wwss@wwss.demon.co.uk)으로 주문하여 구독 가능하다.

- **Section Newsletters**

  국가도서관(National Libraries), 사회과학도서관(Social Science Libraries), 공공도서관(Public Libraries), 장애인도서관(Libraries Serving Disadvantaged Persons), 서지(Bibliography), 목록(Cataloguing), 희귀서와 수필본(Rare Books and Manuscripts), 지리 및 지역역사(Genealogy and Local History), 도서관협회관리(Management of Library Associations), 정보리터러시(Information Literacy), 도서관역사(Library History) 등과 같은 44개 분류 중 원하는 관심분야에 등록가능하며, 연간회비를 내는 회원에게 뉴스레터(newsletter)를 제공한다. 그중 보존과 보호(Preservation and Conservation), 도서관과 의회 연구서비스(Library and Research Services for Parliaments), 어린이·청소년도서관(Libraries for Children and Young Adults)과 학교도서관 및 자원센터(School Libraries and Resource Centers)는 각각 2003년, 2004년, 2005년과 2006년에 'IFLA Best Newsletter' 상을 수상하였다.

- **Core Activities Newsletters**

  상술한 보존과 보호(PAC) 사업관련 뉴스레터이다.

- **IFLA Professional Reports**

  IFLA의 전문보고서로서 온라인상에서 신청하면 유료로 자료를 받을 수 있다.

- **Conference Proceedings**

  IFLA 회의의 목차, 주제, 장소, 발표문 등에 관한 모든 사항을 홈페이지 상에서 열람할 수 있다.

- **IFLA Publications Series**

  IFLA의 출판물시리즈로서 목록검색이 가능하며, 유료로 주문하여 열람할 수 있다.

3) 전자장서(Electronic Collections)

이는 전자매체 자료와 기록들로서, 다음과 같은 주제별로 유용한 홈페이지의 링크를 제공하고 있다.

- *Library & Information Science*
- *Digital Libraries*

  Electronic Text & Journal Archives 등을 포함한다.
- *Government Information and Official Publications Resources*
- *Internet & Networking*

  Software Archives 등을 포함한다.

IFTA/FIAT
International Federation of Television Archives
국제텔레비전기록연맹

① 기 구

1) 소재사항

소재국가 이탈리아

전자우편 office@fiatifta.org

홈페이지 http://fiatifta.org

2) 성 격

국제텔레비전기록관연맹(FIAT/IFTA)은 방송사와 국가 시청각기록관 및 도서관 간의 협력을 위한 수단을 제공하기 위해 설립된 국제적인 전문기구이다.

3) 설립연혁

FIAT/IFTA는 독일의 **ARD**, 영국의 **BBC**, 프랑스의 **INA**, 이탈리아의 **RAI**에 의해 **1977년** 로마에 설립되었다. 현재 70여 개 이상의 국가가 회원으로 가입되어 있는 FIAT/IFTA는 방송(**broadcasting**)기록 분야에서 가장 중요한 전문기구가 되었다.

4) 설립목적

① 회원들 간의 지식과 경험을 교환하기 위한 포럼의 주최
② 시청각기록의 사용 및 개발과 관련된 모든 종류의 주제에 관한 연구의 촉진
③ 시청각 미디어 기록관리 관련 주요이슈에 관한 국제표준의 설립
④ 전문적인 기준과 모범사례의 연구
⑤ 기록관 개발지원과 지역 및 지역 간 협조의 장려
⑥ 시청각 미디어 기록의 사용과 보존 관련 정부, 방송사, 시청자 차원에서의 인식의 강화

5) 조 직

(1) 총회(General Assembly)

총회는 FIAT/IFTA의 가장 상위조직으로서 적어도 2년에 한 번씩 연례회의를 통하여 개최된다.

(2) 집행이사회(Executive Council)

FIAT/IFTA는 총회에서 선출된 12명의 회원에 의해 집행이사회가 결성, 경영된다. 이사회의 수장은 2년에 한 번씩 선출된다.

(3) 위원회(Commissions)

FIAT/IFTA는 네 개의 위원회를 두고 있으며, 다음과 같은 내용을 주로 다루고 있다.
- 미디어운영위원회(Media Management Commission)
  새로운 정보 및 멀티미디어 도구의 개발, 메타데이터, 기록물 보존 및 디지털화와 관련된 기술적 문제와 마이그레이션 계획(migration plans) 등을 책임진다.
- 프로그램과 제작위원회(Programme & Production Commission)
  선택과 보존 조건, 기록관 이용 및 개척(exploitation) 촉진, 마케팅, IPR 및 권리 관리, FIAT 시상식(awards) 등을 책임진다.
- 텔레비전연구위원회(Television Studies Commission)
  기록관의 학구적 이용을 책임진다.
- 교육위원회(Training Commission)
  지식교환, 세미나 및 워크숍 또는 전문교육수업이나 개인적 상담을 통한 전문적인 미디어 교육제공을 책임진다.

6) 회 원

본 연맹에는 전세계의 관련기관이 회원으로 가입되어 있으며, 다음과 같다.

- 알바니아(Albania)의 Albanian Radio Television
- 알바니아(Albania)의 Top Channel TV
- 알바니아(Albania)의 ENTV
- 아르젠티나(Argentina)의 Silvia Romano(Universidad de Cordoba)

- 오스트리아(Austria)의 ORF
- 벨지움(Belgium)의 MICT
- 불가리아(Bulgaria)의 BNT
- 크로아티아(Croatia)의 HRT
- 체코(Czech Republic)의 Czech TV
- 프랑스(France)의 Mr Richard Billeaud
- 독일(Germany)의 Framepool AG
- 아일랜드(Ireland)의 RTE
- 이태리(Italy)의 RAI
- 일본(Japan)의 NHK
- 일본(Japan)의 Mr Haruo Hiki
- 남미(Latin America)의 Amira Arratia Fernandez(TNC)
- 라트비아(Latvia)의 Latvian State Archive of Film, Photo and Audio Documents
- 리투아니아(Lithuania)의 Lithuanian Central State Archive
- 마케도니아(Macedonia)의 Macedonia Radio and Television
- 말라위(Malawi)의 National Archives of Malawi
- 몰도바(Moldova)의 TeleRadio Moldova
- 모로코(Morocco)의 RTM
- 네덜란드(Netherlands)의 Netherlands Institute for Sound and Vision
- 네덜란드(Netherlands)의 SBS
- 뉴질랜드(New Zealand)의 New Zealand Television Archive
- 페루(Peru)의 IRTP. Marco Antonio Jamanca Shuan
- 푸에르토리코(Puerto‐Rico)의 CPRDP
- 러시아(Russia)의 Gosteleradiofond
- 슬로베니아(Slovenia)의 RTVSLO
- 남아프리카(South Africa)의 National Film, Video & Sound Archives
- 스웨덴(Sweden)의 SVT
- 스위스(Switzerland)의 Olympic Museum

- 터키(Turkey)의 TRT
- 터키(Turkey)의 TRT, Pictures from TRT Archives
- 영국의 TWI, TWI Archive
- 미국의 CBS News. Pictures from CBS News Archives
- 미국의 University of Oklahoma
- 베트남(Vietnam)의 VTV
- 잠비아(Zambia)의 National Arcives of Zambia

7) 주요사업

① 디지털 환경으로의 전환 관련 정책
② 메타데이터, 분류, 문서화
③ 미디어 관리와 기록자료 접근을 위한 규정
④ 시청각기록의 상업적 이용
⑤ 시청각기록 제작의 장려
⑥ 권리 또는 저작권과 같은 문제의 인지

② 정보원

1) 정보원배포정책

'Projects & Professional Standards'에서 FIAT/IFTA의 다양한 프로젝트, 보도자료 등을 제공하고 있다. 단, 출판물, 보고서, 서적 등은 회원등록 후 전자우편(office@ fiatifta.org)으로 의뢰하여 아이디와 비밀번호를 부여받아야 열람이 가능하다.

2) 프로젝트(Projects)

다음은 FIAT/IFTA 기록 프로젝트로서 해당 내용을 PPT로 제공하고 있다.

① BAPP(Balkan Archives Preservation Project)
발칸기록(Balkan Archives)에 대한 보존 관련 프로젝트이다.
② 10 Years of EU Projects - 10 Years of User-Driven Approach in EU R&D Programs
③ AMICITIA(Asset Management Integration of Cutural Heritage in the Interexchange between Archives)
기록의 교환을 통하여 문화유산을 자산으로 통합 관리토록 하는 프로젝트이다.
④ ARCHIVEX(Archive and News Exchange over Satellite Networks)
위성 네트워크를 통한 기록과 뉴스 교환 프로젝트이다.
⑤ BIRTH & BIRTH Television Archive
⑥ FIRST(Film Restoration and Conservation Strategies)
영상기록 복구 및 보존 관련 프로젝트이다.
⑦ PORTAL, NODAL(Portal and Nodal Projects)
⑧ PRESTO
프레스토 프로젝트는 다음과 같은 업무를 수행한다.
   • 16㎜ 필름의 자동 복구
   • 프레스토 런던 회의
   • 유럽 영상기록을 위한 보존기능(EU Project PRESTO)
   • 유럽기록유산(Europe's Memory)의 보존
⑨ PRESTO SPACE

3) 보도자료(News)

FIAT/IFTA 관련 보도자료로서 홈페이지에 탑재되어 있는 죄근 목록은 다음과 같다.

- *UNESCO Launches the Feasibility Study on a World Day for Audiovisual Heritage*
- *FIAT/IFTA Supports "Memorimage", a New Award and Festival for Audiovisual Works Using Archive Material.ain*
- *The Puerto Rico Broadcasting Corporation Receives Support from the National Endowment for the Humanities(NEH) for its Radio Archives Project*

IIC

International Institute for Conservation of Historic and Artistic Works
국제역사작품및미술작품보존협회

① 기 구

1) 소재사항

소재국가 영국
주　　소 6 Buckingham Street, London WC2N 6BA UK
전　　화 +44 20 7839 5975
팩　　스 +44 20 7976 1564
전자우편 iic@iiconservation.org
홈페이지 http://www.iiconservation.org

2) 성　격

국제역사작품및미술작품보존협회(IIC)는 전세계의 역사작품 및 미술작품을 보호하고 보존하기 위해 필요한 지식, 방법, 업무 기준을 지원 및 촉진시키고자 하는 국제적인 기구이다.

3) 설립연혁

IIC는 국제 전문가 커뮤니티의 하나로서 현재 50년 이상의 역사를 자랑한다. IIC는 1950년대경 보존의 중요성과 관련 보존전문가들의 중요성을 자각하면서 설립되었다. 이후 2년마다 대규모의 국제컨퍼런스를 주최하여 개발과 함께 가장 최신의 사고(thinking)와 연구에 대한 인지의 중요성을 강조하고 있다.

4) 설립목적

① 역사작품과 미술작품을 보호하고 보존하는 지식과 방법 및 업무기준을 증진시킬 수 있는 영구적인 기관 제공
② 문화적 소장품 재료의 원시상태(nature) 또는 문화유산으로 결정하기 위해 필요한 조치 이행
③ 역사작품과 미술작품의 악화의 원인에 대한 이해와 관리에 필요한 조치 이행
④ 역사작품과 미술작품의 상태를 더 좋게 하기 위해 도움이 되는 조치 이행
⑤ 역사작품 및 미술작품의 보존과 관련된 기술적이고 전문적인 정보의 교환과 보급을 위한 프로그램 개발
⑥ 보존영역의 조사에 관한 특정한 프로젝트 수행
⑦ 보존영역에서의 숙달된 지식과 기술 촉진 그리고 교육연구 및 조사연구 장려
⑧ 보존의 이행에 있어서의 기준을 유지시키고 기준을 하향케 하는 요인 제거
⑨ 상담을 위한 시설 제공 그리고 보존활동 시행의 지시 및 감독
⑩ 회원과 기관 간의 아이디어 교환을 위한 시설 제공
⑪ 관심사 교환과 상호협력을 위한 협정 개시

⑫ 제작, 인쇄, 출판, 판매, 순환, 배포
⑬ IIC의 목적을 위한 건물의 건립, 유지, 증진, 변경
⑭ IIC의 목적에 부흥하는 기부를 위한 지원 접수

5) 조 직

IIC의 조직은 크게 의사회(Congress)와 지역단체(Regional Groups)로 구분된다.

(1) 의사회(Congress)

2년에 한 번씩 IIC는 당시 관심사를 주제로 설정하여 대규모의 국제컨퍼런스를 주최한다. 관련 전문가들이 한자리에 모여 최신 기술의 진보에 관해 토론하며, 최근의 진행상황과 연구에 대해 발표한다.

(2) 지역단체(Regional Groups)

IIC의 이름과 로고를 사용하는 많은 국가 단체들이 있다. 특히 지역단체에 속하는 국가 중 네덜란드, 오스트리아, 프랑스, 일본, 그리스, 스페인, 이탈리아, 스칸디나비아에서의 활동이 두드러진다.

6) 회 원

IIC의 회원자격은 보존과학자, 건축가, 교육자와 학생, 컬렉션 관리자, 큐레이터, 미술역사가, 그리고 다른 문화유산 전문가들을 포함한 보존가와 복구가들에게 열려 있다. 회원들은 IIC의 출판물, 컨퍼런스, 국가단체를 통해 전세계의 동료들과 상호 연결되고 있다. IIC의 회원은 다음과 같이 구분된다.

① 학생회원

학생회원들은 보존전문가의 감독하에 교육 및 업무경력 프로그램에 전(全) 시간제(full-time)로 등록하게 된다.

② 개인회원

보존에 관심이 있는 모든 사람은 개인회원의 자격으로 참여할 수 있다.

③ 기관회원

박물관이나 갤러리, 도서관, 기록관, 보존학교, 연구기관, 상업적 기업 등의 부류에 속하는 기관은 기관회원으로 참여할 수 있다.

7) 주요 활동

· 컬렉션과 장소로의 가시적이고 지적인 접근을 장려하는 것을 최우선 목표로 한다.
· 세계문화유산을 위한 가장 높은 단계의 보호를 제공한다.
· 모든 사람들이 문화유산을 공유할 수 있도록 전문가들과 보존과학자들이 중요한 역할을 할 수 있도록 촉진한다.
· 특히 의원회는 세계 문화유산을 보호하고 보존함에 있어 중심역할을 수행한다.

② 정보원

1) 정보원배포정책

'News'와 'Publications'에서 보도자료 및 출판물을 열람할 수 있다. 'Publications'는 회원들에게만 무료열람이 가능하도록 되어 있고, 원본 열람을 원할 경우 전자우편(iic@iiconservation.org)으로 연락해야 한다. 비회원을 위해서는 주제별로 열람이 가능한 홈페이지를 안내하고 있다. 또한 2007년 7월 현재 총 1,920편이 출간되었으며, 키워드 검색을 통해서 출판물 검색을 할 수 있다.

2) 출판물 (Publications)

IIC에서 발행한 출판물들 중에서 대표적인 목록은 다음과 같다.

- *Conserving Junk and Movement: Machines by Jean Tinguely*
- *The Conservation of Four Monumental Shuttlecocks*
- *The Migration of Surfactants in Acrylic Emulsion Paint Films*
- *Into the New Millennium: Conservation Input for Four Twenty-First Century Arts Buildings*
- *The Works of John DeAndrea: An Evolution of Techniques, Materials and Stability*
- *Textile or Art? The Conservation, Display and Storage of Modern Textile Art*
- *Palermo at Work*
- *Handling White Cube*
- *Modern Plastics: Do They Suffer from the Cold?*
- *Chemical and Physical Properties of Old Silk Fabrics*
- *Identification of Pigments in a Fourteenth-century Miniature by Combined Micro-Raman and PIXE Spectroscopic Techniques*
- *Acoustic Emission Monitoring to Study Sodium Sulphate Crystallization in Monumental Porous Carbonate Stones*
- *A Note on Burnt Yellow Earth Pigments: Documentary Source and Scientific Analysis*

3) 보도자료(News)

이는 IIC의 보도자료로서 대표적으로 다음과 같다.

- *UK's MDA Launches Online Condition Assessment Tool*

- *Two New Online Conservation Publications Launched*
- *Conservation Laboratory Recreates Ancient Egyptian Colours*
- *Textile Conservation Goes Green*
- *British Library Opens Centre for Conservation and Launches Web Microsite*
- *ICCROM Signs Memorandum of Understanding with Tongji University in China*
- *Icon Announces New Conservation Internships*
- *45 New Sites Nominated for Inclusion on UNESCO World Heritage List*

ILAB

International League of Antiquarian Booksellers

국제고서적상리그

1 기 구

1) 소재사항

전자우편 info@ilab.org.

홈페이지 http://www.ilab‒lila.com

2) 성 격

고서적상국제리그(ILAB)는 전세계 고서적상 국가협회의 업무를 국제적 차원에서 수행하는 기구이다. ILAB는 22개의 국가협회, 13개 국가, 그리고 2천 명의 대표서 적상들을 위해 활동한다. ILAB의 마크는 세계통상의 성실(integrity)과 전문성을 나타낸다.

3) 설립연혁

ILAB는 세계대전 이후 국가 간 상이성을 없애기 위한 결의를 바탕으로 국제협력을 위해 1947년 암스테르담(Amsterdam)에서 열린 유럽의 주요 서적상들의 회의에서 설립되었다. 현재 ILAB의 네트워크는 미대륙, 아시아, 그리고 남반구 전역에 걸쳐 이루어지고 있다.

4) 설립목적

① 상거래에 있어서의 전문적 기준의 설립 및 증진
② 비즈니스 상에서의 훌륭한 행위(honorable conduct) 장려
③ 서적의 역사와 예술성에 대한 진가를 확장시키기 위한 기여

5) 회 원

전세계의 22개 국가협회와 국가회원으로 구성되어 있다. 그중 국가회원은 아르헨티나, 호주, 오스트리아, 벨기에, 브라질, 캐나다, 체코, 덴마크, 핀란드, 프랑스, 독일, 영국, 그리스, 아일랜드, 이스라엘, 이탈리아, 일본, 한국, 리히텐슈타인, 모나코, 네덜란드, 뉴질랜드, 노르웨이, 포르투갈, 싱가포르, 남아프리카공화국, 스페인, 스웨덴, 스위스 태국, 미국 등이 포함된다.

6) 주요사업

ILAB는 오랜 역사를 지닌 '북페어(book fairs)'를 주최해 오고 있다. ILAB의 북페어에서 ILAB는 대표적인 고서적을 확보하고 지지한다. 이는 서적상인들로 하여금 높은 질의 서적, 인쇄물, 원고본(manuscripts) 등에 대한 전시의 기회 외에도 매매의 기회를 제공한다.

7) 한국과의 관계

(1) 한국고서적상연합리그

우리나라는 ILAB의 국가회원으로 가입되어 있다.

(2) 소재지

ILAB 한국사무소의 소재사항은 다음과 같다.

주   소 대구시 700-400 중구 몽산동 218-9 은성빌딩 1층
전   화 +82 53 428 7005
팩   스 +82 53 428 7006
전자우편 ksk1262@yahoo.co.kr
홈페이지 http://www.koreasa.co.kr

② 정보원

1) 정보원배포정책

'Collector's Corner'와 'Newsletter'에서 출판물, 논문, 서적, 보도자료, 그리고 관

련 참고사항 링크를 제공한다. 보도자료는 동영상으로 제공되기도 하며, 'Collector's Corner'에서는 특히 키워드 검색 및 브라우징을 통한 검색이 가능하다. 대부분의 자료는 무료로 원문열람이 가능하다.

2) 수집가코너(Collector's Corner)

보도자료와 논문을 제공하고 있다.

(1) 보도자료(News)

- *CBS's 60 Minutes Visits the New York Antiquarian Book Fair*
- *ABAA Member William Reese's Very Generous Gift to Yale*
- *ESTC Goes Online This Fall*
- *The Prize and the Ball: A Shining Reminder*
- *Anne and David Bromer Establish Rare Book Fund at the Boston Public Library*
- *Fourteenth ILAB Prize for Bibliography*
- *ILAB Virtual Book Fair, Everywhere and Nowhere*
- *Book 'em Ken! Ken Sanders' Incredible Adventures in the Rare－Book Trade*
- *The Rare Books Detective*
- *Internet Foils Old Map Thieves*

(2) 논문(Articles)

- *Why Buy From ABAA/ILAB Dealers?*
- *A Look at the American Antiquarian Book Trade*
- *Some Thoughts on the Maturing of the Rare Book Market at the Start of the 21st Century*
- *Collecting Authors' First Books*
- *Prevention and Suppression of Theft of Works of Art*

- *The St Andrews Project.*
- *Reply of a Gaul of the Old Continent to an Indian of the New World*
- *Young Booksellers, Young Books: The Prospects of the American Rare Book Trade*

3) 뉴스레터(Newsletter)

2007년 7월 현재 ILAB홈페이지에서 열람 가능한 뉴스레터는 다음과 같다.

(1) ILAB 뉴스레터

- *ILAB Newsletter 58, January 2007*

(2) ABAA 뉴스레터

- *ABAA Newsletter SPRING 2007*
- *ABAA Newsletter WINTER 2007*

(3) ABA 뉴스레터

- *Antiquarian Booksellers Association NEWSLETTER Spring 2007 Number 340*

IRMT

International Records Management Trust

국제기록관리신탁

① 기 구

1) 소재사항

소재국가 영국

주   소 4th floor, 7 Hatton Garden, London EC1 8AD UK

전   화 +44 20 7831 4101

팩   스 +44 20 7831 6303

전자우편 info@irmt.org

홈페이지 http://www.irmt.org

2) 성 격

국제기록관리신탁(IRMT)은 영국에 등록된 신탁위원회에 의해 운영되는 기부단체로
서 민주주의 정신을 기본으로 하는 공공기관의 기록물관리를 위한 기구이다.

3) 설립연혁

IRMT는 1989년 공공기관 기록관리를 위한 새로운 전략을 개발하기 위해 설립되었
다. 현재 영국 런던에 본부를 두고 있으며, 전세계적으로 다양한 프로젝트를 진행
중이다.

4) 조 직

IRMT는 영국 런던 본부를 기반으로 보츠와나, 영국, 캐나다, 케냐, 우간다, 가나, 짐바브웨, 홍콩, 코먼웰스국가들, 탄자니아 등지의 컨설턴트들을 중심으로 구성되어 있다. 공공기관, 사기업, 연구소 등의 경력이 있는 60명 이상의 전문 컨설턴트들이 일하고 있다. 한편 공공부문 기관들, 국제기관들, 전문협회들, 자문기관들, 학술기관들 및 NGO들과 함께 파트너십을 이루고 있다.

5) 주요사업

IRMT는 크게 세 가지 사업영역이 있으며, 다음과 같다.

(1) 컨설턴트 서비스(Consultancy Services)

IRMT는 기록정책, 시스템, 시설 등과 관련하여 지역정책입안자들과 기록전문가들이 효과적이고 지속 가능한 법적/규제적 체계를 개발하는 일을 도와준다. 이와 관련하여 지금까지 25여 개국에서 성공적인 프로젝트를 수행했다.

(2) 교육(Education Training)

실제적인 경험을 바탕으로 한 연구사업 및 이론적 배경을 근거로 하는 교육프로그램을 제공하고 있다. 실제 IRMT의 교육프로그램은 다음과 같은 두 가지 문제점을 보완하기 위해 개발되었다.
- 세계 많은 국가들에서의 기록과 기록관 경영을 위한 적합한 교육자료 및 관련 수업의 부족
- 변화하고 있는 공공분야 환경에서의 새로운 전문 기술의 필요

(3) 개발연구(Development Research)

이는 IRMT가 제공하는 연구프로그램으로 정부에서 기록과 정보에 관해 시민들과의 관계에 있어 확실한 유기성을 가지고 움직일 수 있도록 도와준다.

6) 서비스

이는 IRMT 사업영역 중의 하나인 컨설턴트서비스로서 60여 명의 전문가로 이루어
진 컨설턴트 팀에 의하여 제공된다. 컨설턴트 팀은 다음과 같은 영역에 대한 전문
지식을 보유하고 있다.

① 정보 및 기록 관리
② 정보기술
③ 변화 관리
④ 건강, 법, 토지, 인간자원 및 재정정보 시스템
⑤ 역량강화 및 전문성 개발

② 정보원

1) 정보원배포정책

'Development Research', 'Education Training', 'News'와 'Download Center'에서 보
도자료 및 프로젝트 결과물, 현재 진행 중인 연구 자료, 동영상 등을 제공받을 수 있
다. 특히 'Development Research'와 'Education Training'에 있는 정보는 'Download
Center'에 다시 정리되어 있으며, PDF로 열람 가능하다.

2) 보도자료(News)

보도자료를 원문 그대로 제공하고 있다. 대표적인 목록은 다음과 같다.

- *Fostering Trust and Transparency in Governance: Investigating and Addressing
  the Requirements for Building Integrity in Public Sector Information Systems in
  the ICT Environment*

- *Integrating Records Management Requirements into Financial Management Information Systems(IFMIS)*
- *Records Management Capacity Assessment System Software Available Online Free of Charge*
- *Case Studies on Managing Records and Information Systems Now Available Free of Charge*
- *Records Management Training Material is Available Without Charge*
- *International Records Management Trust: New Website*

3) 다운로드센터(Download Center)

위의 보도자료 외에도 주요사업과 관련한 도큐먼트나 동영상을 제공하고 있다. 모든 도큐먼트는 PDF로 열람이 가능하다.

① 정부 도큐먼트(Governance Documents)

- *Memorandum and Articles of Association*
- *Certificate of Incorporation*
- *Accord of Agreement on the Management of Modern Records*
- *Annual Report 2005 to 2006*
- *Financial Statement 2004 ~ 2006*

② 컨설턴트 서비스 정보원(Consultancy Services)

- *Empowering Civil Society through Access to Information*
- *Managing Financial Information*
- *Building a Records Profession*
- *Decentralising Government Information*
- *Protecting and Preserving Electronic Information*
- *Strengthening Health Care with Patient-Based Information*
- *Managing Human Resource Information*

- *Strengthening Information for Safety, Security and Accessible Justice*
- *Accessing Land Information*
- *Developing a National Strategy for Records and Information Management*

③ 교육 정보원(Education and Training)

　　㉠ Courses. IRMT의 교육과정에 대한 안내서이다.

- *RIPA Courses*
- *PAI Study Programmes*

　　㉡ MPSR Study Programme. 공공부문기록관리(MPSR: Managing Public Sector Records) 교육관련 출판물이다.

- *MPSR Introduction to the Study Programme*
- *The Management of Public Sector Records: Principles and Context*
- *Organising and Controlling Current Records*
- *Analysing Business Systems*
- *Managing Archives*
- *Preserving Records*
- *Emergency Planning for Records and Archives Services*
- *Developing the Infrastructure for Records and Archives Services*
- *Managing Resources for Records and Archives Services*
- *Strategic Planning for Records and Archives Services*
- *Building Records Appraisal Systems*
- *Understanding Computer Systems: An Overview for Records and Archives Staff*
- *Automating Records Services*
- *Managing Electronic Records*
- *Managing Financial Records*
- *Managing Hospital Records*
- *Managing Legal Records*

- *Managing Personnel Records*
- *Managing Current Records: A Procedures Manual*
- *Restructuring Current Records Systems: A Procedures Manual*
- *Managing Records in Record Centres*
- *Managing Records Centres: A Procedures Manual*
- *Managing Archives: A Procedures Manual*
- *Planning for Emergencies: A Procedures Manual*
- *Model Records and Archives Law*
- *Model Scheme of Service*

ⓒ Educators. 교육관련 자료들이다.

- *Introduction to The Management of Public Sector Records Study Programme*
- *Glossary of Terms*
- *Additional Resources for Records and Archives Management*(Bibliography)
- *Educators' Resource Kit*
- *Writing Case Studies: A Manual*

④ 개발연구 정보원(Development Research)

㉠ Research Projects. 연구프로젝트 보고서이다.

- *Personnel Records: A Strategic Resource for Public Sector Management* (1998)
- *From Accounting to Accountability: Managing Accounting Records as a Strategic Resource*(1999)

㉡ Evidence Based Government Project. 각국 정부 프로젝트 관련 정보원이다.

ⓐ Case Studies and Assessment Tools

- · *Case Studies(Financial, Personnel or Legal and Judicial)*
- · *Assessment Tool for Legal and Judicial Records and Information Systems*
- · *Records Management Capacity Assessment System(RMCAS) − Presentation*

- *RMCAS 1.0(Records Management Capacity Assessment System)*
- *RMCAS User Guide*
- *E - Records Readiness Assessment Tool*

ⓑ Global Forum Electronic Discussions
- *Information Technology, Electronic Records, and Record Keeping*
- *Financial Management Reform and Record Keeping*
- *Legal and Judicial Reform and Record Keeping*
- *Public Sector Reform and Record Keeping*

ⓒ Electronic Government and Electronic Records
- *Background Paper "Electronic Goverment and Electronic Records: E - Records Readiness Capacity Building"*
- *E - Discussion Summary Report*
- *Government and Information Management, by Andy Lipchak*
- *Week 1 E - Discussion Summary*

ⓓ Guide to Integrating Records Management Requirements into Financial Management Information Systems(FMIS) Project
- *Guide for Integrating Records Management Requirements into Financial Management Information Systems(FMIS)*

JICPA

JICPA

Joint IFLA/ICA Committee for Preservation in Africa

아프리카기록보존IFLA/ICA합동위원회

1 기 구

1) 소재사항

소재국가　케냐

주　　소　Archives Nationales du Kenya P.O. Box 49210 Nairobi Kenya

전　　화　+254 2 22 8959

팩　　스　+254 2 22 8020

전자우편　Info@kenyarchives.go.ke

홈페이지　http://epa – prema.net/jicpa

2) 성 격

아프리카기록보존IFLA/ICA합동위원회(JICPA)는　　국제도서관협회연맹(IFLA:　Inter-national Federation of Library Associations and Institutions)과 국제아카이브스협의회(ICA: International Council on Archives)의 합동기구로서 기록보존 관련 전문기관이다.

3) 설립연혁

1993년에 나이로비(Nairobi)에서 개최된 도서관보존에 관한 아프리카 컨퍼런스에서

아프리카에서의 보존활동 촉진에 관한 조직의 필요성이 제기되었다. 이후 조직적이고 국가적인 단계의 IFLA나 ICA와 같은 전문조직의 필요성에 관한 많은 논의가 진행되었다. 이러한 논의를 거쳐 1996년 IFLA의 아프리카 지역회의에서 비로소 JICPA가 탄생되었다.

4) 설립목적

① 보존과 유지에 관련한 아프리카만의 독특한 필요사항(needs) 파악
② 보존정책 수립 및 그에 상응하는 전략적 실행계획수립
③ 국가 보존 위원회의 설립 장려
④ 교육프로그램의 개발
⑤ 과학적 연구조사의 장려 및 보존 관련 내용의 출판
⑥ 아프리카 전문가들 간의 상호유대관계 강화

5) 사 명

JICPA는 보존의 목적과 중요성에 대한 아프리카 전문가들 사이에서의 인식 제고를 위해 설립되었다. 또한 JICPA는 전문가들이 보존과 관련된 모든 종류의 문제를 알 수 있도록 하며, 그들이 이 문제점들을 해결하기 위한 준비를 할 수 있도록 한다.

6) 주요사업

JICPA의 관심 영역은 도서관과 도큐먼트 보존에 관한 모든 것을 포함한다. JICPA의 주요사업은 다음과 같다.
① 젊은 아프리카 전문가들을 위한 교육 워크숍 개최
② 보존의 문제점들에 대한 인식제고를 위하여 아프리카 정책결정자들과 보존부서 책임자들을 위한 세미나 개최
③ 아프리카의 보존 상태에 대한 연구와 조사 수행
④ 보존영역 관련 연구 결과의 출판

7) 중장기 프로그램

JICPA의 중장기 프로그램은 다음과 같은 영역에서의 개발 및 강화에 중점을 두고 있다.

① 보존 전문가 교육을 위한 다양한 수준의 워크숍 개최
② 정책입안자들의 인식을 높이기 위한 기록관련 분야의 세미나를 통한 과학적 활동 조직
③ 진행 중인 연구조사 결과물의 출판
④ 비전문가들을 위한 보존관련 안내서의 출판

8) 관련 단체

- DIBAM(Direccion de Bibliotecas, Archivosy Museos)
- EPA(Ecole du Patrimoine Africain)
- ICA(International Council on Archives)
- ICCROM(The International Center for the Study of the Preservation and Restoration of Cultural Property)
- ICOM(International Council on Monuments and Sites)
- ICOMOS(International Council on Monuments and Sites)
- IFLA(International Federation of Library Associations and Institutions)
- MOW(Memory of the World)

② 정보원

1) 정보원배포정책

'News'를 통하여 JICPA의 사업결과 출판물을 제공하고 있다.

2) JICPA 사업결과 출판물

다음 목록은 JICPA 사업결과 출판물이다. 'survey' 경우 질문지를 직접 볼 수 있도록 되어 있고, 그 외에 조사(survey) 결과와 워크숍 보고서 등을 제공하고 있다.

- *Evaluation Report on JICPA, February 2003*
- *Survey on the Safeguard of Periodicals and Newspapers in Africa*
- *Report on the Unesco-Jicpa Workshop: Safeguarding African Documentary Heritage,* Cape Town, 26/02 to 02/03/2001
- *New Lease of Life for African Heritage Thanks to JICPA*
- *Results of the Survey on Conservation Facilities and Experts in Africa*

OSA
The Open Society Archives
개방사회기록관

① 기 구

1) 소재사항

소재국가 헝가리
주   소 OSA, P.O.BOX 1082, H-1245 Budapest Hungary
전   화 +36 1 327 3250

팩   스 +36 1 327 3260

전자우편 archives@ceu.hu

홈페이지 http://www.osa.ceu.hu

2) 성 격

개방사회기록관(OSA)은 CEU(Central European University)의 기록관이면서 동시에 중유럽과 동유럽지역에서의 이권 및 사회주의 냉전연구를 위한 연구조사 및 교육 센터이기도 하다. 한편, 제2차 세계대전 이후의 기록물에 대한 국제적 수준의 소장 기관이면서 제공기관이다.

3) 특 징

- 개방사회기록관(OSA)의 컬렉션들과 활동들은 제2차 세계대전 이후 시기와 관련 이 있다.
- 냉전시대 및 구사회주의 국가들과 관련한 인권, 전쟁범죄 등에 관한 자료들을 제공하고 있다.
- OSA의 소장품들은 약 3,000 리니어 미터의 기록들로 이루어져 있다. 이들은 사 회주의, 냉전시대, 인권의 세 개 그룹으로 나뉘어져 있다.
- OSA만의 특징은 빠르게 증가하고 있는 시청각(A-V) 기록이다. 이는 지역선전 (regional propaganda), 역사적 또는 특별한 영화, 그리고 지역 TV 뉴스 프로그램 등의 비디오 도서관과 시청각 연구센터를 설립하려는 의도에 기반하고 있다.
- 또한 OSA는 연구조사자들이 장서를 쉽게 검색할 수 있도록 돕기 위해서 특정 주 제별 참고정보논문(RIP: Reference Information Papers) 시리즈를 발간하고 있다.

4) 사 명

① 특히 중유럽 및 동유럽지역에서의 인권 및 사회주의와 냉전에 대한 연구를 위 한 자료를 획득, 보존 및 연구 가능하도록 한다.

② 행정직, 교수진, 학생들의 가치 있는 개인 논문을 수집 및 보존하며 대학기록이 가능하게 함으로써 Central European University의 직원, 학생, 학자, 대중들이 정보를 이용할 수 있도록 지원한다.

② 정보원

1) 정보원배포정책

'Publications'와 'Archives & Library'에서 OSA의 모든 출판물 및 A-V 기록을 볼 수 있다. 영어로 목록이나 색인이 제공되나 내용은 러시아어나 헝가리어로 되어 있는 경우가 종종 있으며, 모든 자료는 무료로 열람이 가능하다. OSA의 특이할 만한 사항은 '1945 Digital Archive'라고 하여 1956년 헝가리 혁명을 기념하는 차원에서 관련 정보를 별도로 정리해 두고 있다.

2) 출판물(Publications)

다음 목록은 OSA에서 발행한 대표 출판물들이다. *Comma* 등의 저명 학술지에 실린 논문 등도 찾아볼 수 있다.

- *Revolution, Uprising, Civil War*
- *Violance Must Be Suppressed*
- *The Comatose Country*
- *On the Meaning of the Word "Revolution"*
- *The Lessons of a Reprise*
- *1956 Declared as an Operational Zone, 1989-2006*
- *The Party of Peace and Quiet*
- *A Revolution in Suspended Animation*

- *Haunted by a Revolution?*
- *Prints of Remembrance, Drawings by Endre Rozsda, Interviews with 1956 Refugees*
- *Setting the Record Straight: Role of Radio Free Europe in the Hungarian Revolution of 1956*
- *An Appendage to the History of Democracies in Transition: A Preliminary Appraisal of the Records of Soros Foundation Hungary*
- *The Records of NGOs, Memory To Be Shared. A Practical Guide in 60 Questions.*(러시아어)
- *The Media in Bulgaria during Communism and Their Transformation into Democratic Institutions*
- *Workers and Intellectuals in Communist and Early Post-Communist Romania*
- *On the Scope of Political Repression in the USSR under Stalin's Rule: 1921~1953*
- *Russia's "Trophy" Archives-Still Prisoners of World War II?*
- *The Environment*
- *The Roma*(집시어)
- *The 1956 Reference Information Paper*
- *Nonconformist Artists in the USSR, 1956~1986*
- *The Prague Spring, 1968*
- *Forced Labor Camps Under Communism*
- *Human Rights*

3) 기록관과 도서관(Archives & Library)

- 자료와 기록은 사회주의와 냉전, 인권, 소로스재단의 주제별로 분류되어 있다.
- 또한 기록물별(List of Archival Authorities), A-V 자료(Audio-Visual materials), 언어별(Language of materials)의 세 가지 부류로 분류되어 브라우징이 가능하다.

- 그 외의 검색 방법은 직접 검색창에서 키워드 검색을 하거나 RIP(Reference Information Papers) 또는 OSA 추천목록(OSA Highlights)에 따른 분류대로 원하는 정보를 찾을 수 있다. 그중 A - V 자료는 다음과 같이 분류되어 있다.

① 온라인 전시(On - line exhibitions)
- · *Gulag and Forced Labor Camps*
- · *Bodies In Formation: Mass Gymnastics Under Communism*

② 온라인 포토 갤러리(Online photo gallery)
- · *Photos of Hungarian Synagogues*
- · *Kurdish Autonomy of Iraq 2002 ~2003*
- · *Objects from the Exhibition "DDR, Life and Style"*

4) 1956 Digital Archives

OSA의 디지털기록관은 1956년 헝가리 혁명 및 그 50주년을 기념하기 위해 기획되었다. OSA는 국가보안기록물(National Security Archive)과 Zwack 컬렉션을 제외한 혁명 역사에 대한 중요한 도큐먼트를 최초로 대중에게 열람 가능하도록 하기 위해서 디지털화되었다.

IFLANET

PAC

International Federation of Library Associations Core Programme for Preservation and Conservation

IFLA보존과유지를위한핵심프로그램

① 기 구

1) 소재사항

소재국가 프랑스

주   소 PAC International Focal Point Bibliothèque nationale de France Quai
François Mauriac 75706 Paris cedex 13 France

전   화 +33 1 53 79 59 70

팩   스 +33 1 53 79 59 80

전자우편 christiane.baryla@bnf.fr

홈페이지 http://www.ifla.org/VI/4/pac.htm

2) 성 격

국제도서관협회연맹(IFLA)의 보존과유지를위한핵심프로그램(PAC)으로 IFLA의 다른 활동들과는 다르게 분산방식으로 일정 지역의 지역센터들이 글로벌 전략을 이행하도록 중심역할을 하는 프로그램이다.

3) 설립연혁

PAC는 1984년 나이로비(Nairobi)에서 열린 IFLA의 연간회의에서 도서관 자료의 보존을 위하여 세계적인 협력을 함께 하기 위하여 공식적으로 출범하였다. PAC 프로그램은 1986년 비엔나에서 열린 국가도서관 관장들과 IFLA 그리고 UNESCO가 함께 주최하는 컨퍼런스인 도서관 자료 보존에 관한 회의에서 공식적으로 이루어졌다. 1992년부터 프랑스 국가도서관에서 중심적 역할을 수행하고 있으며, 2002년 자문기관을 설립하였다.

4) 조 직

국제센터(International Center)와 지역센터(Regional Center)로 조직되어 있다. PAC의 국제센터와 지역센터는 IFLA와 다른 센터들 간에 매년 공식적인 '동의(agreement)'를 거쳐 이루어지는 활동을 위한 네트워크의 한 부분이다. 각각의 센터는 독립적으로 활동하나 PAC와의 협조체제에서 활동을 해야만 한다.

(1) 중심센터(Focal Point)

1992년부터 파리에 자리하고 있는 프랑스국가도서관(Bibliothèque nationale de France)이 중심센터 즉, 국제센터의 역할을 해오고 있다. 국제센터는 또한 서유럽과 중유럽 그리고 아프리카의 지역센터의 역할도 겸임하고 있다.

(2) 지역센터

지역센터는 각각 워싱턴(미국의회도서관, Library of Congress), 카라카스(베네수엘라국가도서관, Biblioteca Nacional de Venezuela), 리우데자니에루(브라질국가도서관, Fundaçao Biblioteca Nacional de Brasil), 산티아고(칠레국가도서관, Biblioteca Nacional de Chile), 포트오브스페인(트리니대드/토바고국가도서관, National Library and Information System Authority of Trinidad and Tobago), 포르토노보(베닌국가도서관, National Library of Benin), 케이프타운(남아프리카

UCT 도서관, UCT Libraries – South Africa), 도쿄(일본국가도서관, National Diet Library), 캔버라(호주국가도서관, National Library of Australia), 그리고 모스코 (Library for Foreign Literature)에 위치하고 있다. 각 센터들의 관장들은 주요활동을 결정하기 위해서 정기적으로 회의를 개최한다.

(3) 자문기관(Advisory Board)

PAC의 자문기관으로 2002년 3월에 설립되었다. PAC 활동에 있어서 우선순위를 정하거나 재정적인 문제 관련 안건에 관한 자문을 한다. 본 기관은 직접 회의를 개최하는 방식이 아닌 전자우편을 주고받는 방식으로 의견을 교류한다.

5) 협력기관

PAC는 Blue Shield, IFLA를 비롯한 다양한 기관과 협력관계에 있다. 협력기관들을 살펴보면 다음과 같다.

(1) IFLA의 협력 Division과 Section

① Divisions

일반연구도서관(General Research Libraries), 전문도서관(Special Libraries), 서지통정(Bibliographic Control), 장서와 서비스(Collection and Services), 관리와 기술(Management and Technology), 교육과 연구(Education and Research), 지역활동(Regional Activities)이 포함된다.

② Sections

국가도서관(National Libraries), 대학 및 연구도서관(Academic and Research Libraries), 정부도서관(Government Libraries), 사회과학도서관(Social Science Libraries), 과학기술도서관(Science and Technology Libraries), 공공도서관(Public Libraries), 어린이 · 청소년도서관(Libraries for Children and Young Adults), 학교도서관(School Libraries), 서지(Bibliography), 목록(Cataloguing), 수서 · 장서개발

(Acquisition and Collection Development), 남미 · 카브리연안(Latin America and the Caribbean), 분류와 색인(Classification and Indexing), 예술도서관(Art Libraries), 참고정보서비스(Reference and Information Services), 신문(Newspapers), 도서관사 (Library History), 지식관리(Knowledge Management), 법률도서관(Law Libraries) 등 이 포함된다.

(2) 협력 기구 및 단체

- ABINIA(Asociación de Bibliotecas Nacionales de Iberoamérica)
- ACURIL(Association of Caribbean University, Research and Institutional Libraries)
- CLIR(Council on Library and Information Resources)
- EPA(Ecole du Patrimoine Africain)
- ICA(International Council on Archives)
- CPTE(Committee on Preservation in Temperate Climates)
- ICBS(International Committee of the Blue Shield)
- ICCROM(International Centre for the Study of the Preservation and Restoration of Cultural Property)
- ICOM(International Council of Museums)
- ICOM‐CC(International Committee for Preservation)
- ICOMOS(International Council on Monuments and Sites)
- LIBER(Ligue des Bibliothèques Européennes de Recherche)
- UNESCO

6) 주요활동

① 보존문제에 관한 인식의 증진
② 관련 정보의 배포

2 정보원

1) 정보원배포정책

'Publications'에서 도큐멘테이션뿐 아니라 영상자료와 기록도 제공하고 있다. 단, PAC 홈페이지에서 제공하는 정보는 매우 제한적이다.

2) 뉴스레터(Newsletter)

다음과 같은 두 가지의 뉴스레터를 제공하고 있다.

① IPN(International Preservation News)

전세계의 도서관과 기록관의 자료와 기록보존관련 활동에 관한 보고서이다. 1997년부터 1년에 세 번 출판되고 있다.

② IPI(International Preservation Issues)

비정기적으로 출판되는 연구 및 조사의 결과물을 제공한다. 다음과 같은 출판물이 출간되었다.

- *Proceedings of the international Symposium the 3 - D's of Preservation Disasters, Displays, Digitization*
- *IFLA Disaster Preparedness and Planning: A Brief Manual*
- *Care, Handling and Storage of Photographs*
- *A Blue Shield for the Protection of our Endangered Cultural Heritage*
- *IFLA/UNESCO Survey on Digitisation and Preservation*
- *IFLA Principles for the Care and Handling of Library Material*

3) 연간보고서(Annual Report)

IFLA PAC 프로그램 관련 연간보고서이다.

- *Annual Report 2000 ~ 2005*

PARBICA

Pacific Regional Branch International Council on Archives

국제아카이브스협의회태평양지역위원회

① 기 구

1) 소재사항

소재국가 호주

주   소 University of New South Wales, Sydney, NSW 2052 Australia

전   화 +61 2 9385 2906

팩   스 +61 2 9385 1228

전자우편 k.brennan@unsw.edu.au

홈페이지 http://www.parbica.org

2) 성 격

국제아카이브스협의회태평양지역위원회(PARBICA)는 국제아카이브스협의회(ICA: International Council on Archives)의 13개 지역위원회 중 가장 다양하고 가장 큰 지역인 태평양지역의 기록 및 기록보존관련 기능을 수행하는 위원회이다.

3) 설립연혁

PARBICA는 호주, 하와이, 뉴질랜드를 포함한 북태평양과 남태평양의 21개국 이상의 국가기록관, 비정부 기록관 연구소 및 협회, 개인회원을 대표하는 전문기구로서 1981년에 설립되었다.

4) 설립목적

① 지역 내 기록전문가(archivist)들, 그리고 기록관의 감독 및 행정에 관한 연구소
와 전문기관들 간의 관계 형성, 유지, 강화
② 지역의 기록유산 보호 및 보존 촉진
③ 대중교육과 향상된 접근을 통한 기록 이용 장려
④ 기록보존 관련 활동 형성 및 격려
⑤ 공식적이거나 비공식적인 전문교육 제공 및 지원
⑥ 인간과 자연역사를 문서화하는 다른 기관들과 협력

5) 조 직

PARBICA는 회장, 부회장, 총장, 회계담당, 편집장으로 구성된 사무국에 의해 경영
된다.

6) 주요사업

① 굳거버넌스(Good Governance)를 위한 기록보존. 굳거버넌스를 위한 향상된 기
록보존 지원에 관한 지침서 및 안내서 개발
② 교육. 태평양지역 기록관과 기록전문가들에게 정보가 전달되도록 교육프로그램
장려 및 교육제공
③ 태평양 기록선집(記錄選集, Pacific Archives Reader). 역사적 기록들과 새로운
기록들을 함께 모을 수 있도록 편찬 및 출판
④ 기록관련 프로젝트 활동

② 정보원

1) 정보원배포정책

'News'에서는 PARBICA의 각종 보도내용을 제공하고 있으며, 'Publications and Reports'에서는 PARBICA의 출판물이나 보고서들을 탑재해 놓아 언제나 열람 가능하다.

2) 보도자료(News)

다음은 PARBICA의 대표적인 보도내용이다.

- *American Samoa Office of Archives and Records Management*
- *ICA Faces the Future: The Curaçao Consensus 2006*
- *Archival Statistical Questionnaire*
- *2007 Pacific Islands Libraries and Archives Conference*
  하와이 대학의 태평양섬 연구 센터에서 열린 연간회의에 대한 보도
- *Short Professional Courses at the University Of Papua New Guinea*
  기록보관과 문서관리에 관한 일정의 과정에 대한 보도
- *Solomon Islands and Australian Archives Working Together*
  호주 국가기록관의 윅맨(Dani Wickman)의 보고서
- *Update from the PARBICA Bureau - May 2006*
- *Update from the PARBICA Bureau - December 2005*
- *PARBICA 11 Conference*
- *Niue Archives and Cyclone Heta*
- *Recordkeeping for Good Governance Toolkit*
  PARBICA의 11번째 총회(general conference) 결의안에 관한 보도
- *PARBICA 12 Conference*

3) 출판물과 보고서(Publications and Reports)

다음과 같은 출판물과 보고서에 대한 정보를 제공하고 있다. 대부분의 출판물은 주
문하거나 회원으로 등록하고 연회비를 내야만 열람이 가능하다. 다만 보고서는
PDF로 무료열람이 가능하다.

(1) 출판물(Publications)

- *Compendium of Pacific Archives Legislation*
  태평양 지역의 기록관들이 모여 처음으로 발간한 태평양 기록관 법률 개론
- *Panorama*
  PARBICA에서 계간의 형식으로 출판하는 뉴스레터
- *Panorama on-line*
  PARBICA의 온라인 뉴스레터로서 회원들만이 열람이 가능하다.

(2) 보고서(Reports)

- *Education and Training for Records and Archives Management in Pacific Island Nations: A Needs Assessment and Report*
- *The Darwin Shipping Container Trial: Report and Results*
- *Using Shipping Containers for Record Storage: Specification and Description*
- *Building a Low-Cost Archives in the Tropics: Specification and Description*

piaf

PIAF
Portail International Archivistique Francophone
프랑스어권국가의국제기록전문가포털

① 기 구

1) 소재사항

전자우편   admin@piaf-archives.org

홈페이지   http://www.piaf-archives.org

2) 성 격

프랑스어권 국가의 기록전문가들과 관련단체들의 관계발전을 위하여 구성되어 있는 국제적 수준의 포털이다.

3) 설립연혁

PIAF에 대한 아이디어는 2001년 5월 10일 몬트리올에서 열린 프랑스어권국가의국제기록전문가협회(AIAF: Association Internationale des Archives Francophones)의 관료회의에서 제시되었다. 이러한 아이디어는 이후 10월 4일과 5일에 파리에서 열린 프랑스어권 아카이브의 한 모임에서 소개되었다. 2002년 2월 25~28일에 열린 튀니지에서의 세미나에서 PIAF의 활동이 시작되었다.

4) 설립목적

① 모든 프랑스어권의 기록관련 단체의 관계를 발전시킨다.
② 다른 언어로만 가능한 텍스트들을 프랑스어로 번역하여 독자들에게 제공한다.
③ PIAF는 단체를 우선시하면서, 효과적인 아카이브의 경영 시스템을 통하여 회원들의 노력을 지지한다. 단체들은 특히 업무로 인하여 숙련된 수업이나 또는 프랑스어로 된 양질의 전문적인 문학을 접할 수 없었던 기록전문가들, 기술자들 그리고 전문인들을 연결한다.
④ 활발한 기록 관련 연구와 국제적으로 그 영향을 증가시키기 위한 기본적인 텍스트들을 확산·보급시킨다.
⑤ 기록관련 단체들에게 구성, 교육 그리고 연구에 유용한 자료들을 PIAF의 홈페이지를 통해 확산·보급한다.

5) 회   원

회원의 가입은 이메일로 무료로 신청이 가능하며 총 26개의 협회로 이루어져 있다.

6) 관련기관

PIAF는 다음과 같은 기관의 재정적 지원을 받고 있다..

- · Archives Fédérales Suisses
  홈페이지: http://www.bar.admin.ch/index.html?lang=fr
- · Bibliothèque et Archives Canada
  홈페이지: http://www.collectionscanada.ca/index-f.html
- · Association des Archivistes Français
  홈페이지: http://www.archivesdefrance.culture.gouv.fr
- · Association des Archivistes du Québec
  홈페이지: http://www.banq.qc.ca

2 정보원

1) 정보원배포정책

PIAF의 홈페이지에서는 크게 'se former', 'se documenter', 'outils du portail'의 세 부류의 메뉴로 구성되어 있다. 각 메뉴마다 관련 정보원이 자세히 소개되어 있으며, 검색하거나 관련 자료를 다운로드 받을 수 있다. 이 경우 대부분 무료로 이용가능하다.

2) 정보자료

(1) se former

총 세 가지의 메뉴로 구성되어 있으며, 다음과 같다.
- les cours. 기록에 대한 소개부터 협력에 대해서 까지 전반적인 내용을 소개하고 있다. 이는 총 일곱 개의 'cours'와 열네 개의 'modules'로 이루어져 있다. 기록에 대한 또 다른 측면으로 다루고 있는 자료도 볼 수 있다.
- Espace e-formation. 'Les archives du citoyen'이라는 Haute-alsace 대학에서 기록학을 전공한 대학교 1학년 학생들에 의해 만들어진 책에 대한 개요가 소개되어 있다.
- Le glossaire. 좀더 쉬운 이해를 돕기 위해 기록에서 쓰이는 개념이나 용어를 소개하고 있으며, 알파벳순으로 정리되어 있다.
- 홈페이지 하단에는 총 8개의 소 메뉴가 있다. 이것은 수업(cours)에 대한 평론란(La rédaction), 출판란(Les publics), 계획란(Le plan général), 목적란(Les objectifs), 방법론란(Les méthodologie), 내용란(Le contenu), 그리고 의견투고란(Donnez votre avis)으로 이루어져 있다.

(2) se documenter

네 가지의 소 메뉴로 구성되어 있으며, 그 내용은 다음과 같다.

- Nouvelles des archives. PIAF의 최근 소식들을 다양한 문서 형태로 접할 수 있게 해 놓았는데 대부분 무료로 검색 열람가능하다. 다만 유로로 구입해서 보아야 하는 논문 형태의 자료들도 있다.
- L'annuaire des institutions. 불어권 국가의 기록과 문서관련 협회 등에서 제공하는 프로그램이나 활동사항들을 검색하거나 열람할 수 있다.
- Une bibliographie. 캐나다와 퀘백 협회에서 제공하는 불어로 된 자료를 탐색할 수 있는 탐색기를 제공한다.
- Un recueil de textes numérisés. 다른 곳에서는 얻을 수 없는 자료들을 PDF 형태로 홈페이지에서 제공한다.
  또한 홈페이지 하단에 또 다른 메뉴박스가 나타나는데 그 안에 목적란(Les objectifs), 도구란(Les outils), 책임란(Les responsables), 공헌란(Votre contribution), 출판란(Les publics)으로 구성되어 있는데, 이 홈페이지의 목적이나 각각의 메뉴 설명 등을 담고 있다.

(3) Outils du portail

총 세 가지의 소 메뉴로 구성되어 있으며, 그 내용은 다음과 같다.

- Le réseau des correpondants Piaf. 이는 각국에서 참여한 협회들의 연락처 등을 소개하고 있다.
- Les guides d'utilisation. 이는 협회에 등록 방법, 참여 방법 등을 플래쉬 버전으로 자세히 설명하고 있다.
- Votre avis nous intéresse. 이를 통하여 PIAF에 대한 개인의 의견을 다양하게 전달할 수 있다.

soliNET

SOLINET

Southeastern Library Network, INC.

미국남동부도서관네트워크

① 기 구

1) 소재사항

소재국가 미국

주   소 1438 West Peachtree Street NW Suite 200, Atlanta, GA 30309 - 2955 USA

전   화 +1 404 892 0943

팩   스 +1 404 892 7879

전자우편 helpdesk@solinet.net

홈페이지 http://www.solinet.net/preservation

2) 성 격

미국남동부도서관네트워크(SOLINET)는 비영리기관으로서 미국 내 가장 큰 지역 도서관 네트워크이다. 즉 미국의 남동지방과 캐리비안 지역의 도서관 협력을 추구하는 도서관 회원네트워크 중심의 정보기구이다.

3) 설립연혁

SOLINET은 1973년 99개의 도서관에 의해 설립되었다.

4) 설립목적

① 정보의 제공, 보호, 보존을 위한 협조적인 관계의 성립 및 유지
② 도서관 커뮤니티의 긍정적인 변화를 위한 촉매 역할
③ 정보를 전달하고 관리하는 협력적 프로그램, 실제적이고 의미 있는 교육, 그리고 실현 가능한 서비스를 통한 효과 보장

5) 사 명

① 국제기구, 정부 및 비정부기구와의 협력하에 모든 국가에 기록관을 개발토록 장려 및 지원
② 리더십, 협력, 서비스를 통한 회원 도서관과 그들의 커뮤니티를 강화

6) 회 원

SOLINET 회원은 미국남동지방과 캐리비안 지역을 기준으로 하여 구성된다. 현재 학회, 연구조사, 공공, 학교, 기업, 의료, 법 그리고 특수한 도서관 등 다양한 규모와 다양한 종류의 2,600여개의 도서관을 회원으로 두고 있다. 대표적으로 다음과 같다.

- 앨라배마 도서관협회
- 도서관서비스 네트워크연합
- 미국 도서관협회
- 캐리비안대학교, 연구및기관도서관 협회
- 전문도서관및협력도서관 기관협회
- 남동부 연구조사도서관협회
- ALA 블랙 간부회의(Black Caucus of the ALA)
- 네트워크화된 정보연합
- 지속되는 도서관 교육네트워크교환원탁회의
- 도서관과정보자원협의회

- 플로리다 도서관협회
- 조지아 비영리센터
- 조지아 도서관협회
- 도서관 콘소르시아 국제컨소시엄
- 켄터키 도서관협회
- 도서관행정및경영협회
- 도서관과 정보기술협회
- 루이지애나 도서관협회
- 미시시피 도서관협회
- 국가 인문과학연합(National Humanities Alliance)
- 노스캐롤라이나 도서관협회
- 공공도서관협회
- 보호를 위한 지역연합
- 지역 OCLC(Online Computer Library Center) 네트워크 감독자문위원회(Network Directors Advisory Committee)
- 사우스캐롤라이나 도서관협회
- 남동부 도서관협회
- 특수도서관협회
- 테네시 도서관협회
- 버지니아 도서관협회

7) 주요 활동

① 협동 활동을 위한 리더십 제공
② 정보로의 접근향상
③ 교육과 경제개발 및 향상된 삶의 질을 위한 지역의 필요성을 제고하고 효과적으로 예견
④ 지역사회에서 국제사회에 이르는 많은 파트너들과 협력하여 활동

8) 주요사업

① 도서관의 기술 어플리케이션의 개발 지원
② 다양한 종류의 컴퓨터 기반의 서비스 제공
③ 다양한 하드웨어, 소프트웨어, 전자자원 등의 구입 후 도서관에의 기술적응 장려

9) 프로그램 및 서비스

SOLINET은 회원기관들을 대상으로 다음과 같은 프로그램을 운영하고 있다.

① 상담(Consulting)

회원 기관들이 계획, 결정, 긴급상황 등에 대해서 미리 대책을 강구할 수 있도록 상담을 제공한다.

② 디지털서비스(Digital Services)

디지털화를 위한 프로젝트와 교육 및 전자자원을 제공한다.

③ 교육서비스(Educational Services)

적당하고 높은 수준의 교육과정을 제공한다.

④ 전자 데이터베이스(Electronic Databases)

SOLINET 지역 내 모든 도서관의 다양한 전자 컬렉션 개발을 지원할 수 있는 광범위한 데이터베이스 상품을 제공한다.

⑤ 도서관 상품(Library Products)

지원 가능한 광범위한 범위 내에서 지역 내 도서관에 필요한 다양한 아이템을 제공한다.

⑥ OCLC 서비스(OCLC Services)

OCLC와 네트워크 서비스의 최대 사용을 지원함으로써 지역 내 도서관의 목차, 참조, 자원의 공유를 촉진한다.

⑦ 보존과 접근(Preservation & Access)

전통적이고 네트워크화된 컬렉션을 갖추고 있어서 기관들의 정보자원으로서 장기적이고 비용 면에서 효율적인 접근유지능력을 증진시킨다.

② 정보원

1) 정보원배포정책

'Resources'에서 SOLINET 출판물, OCLC 관련 보고서 및 출판물, 보존관련 출판물에 대한 원문열람을 제공하고 있다. 그리고 도서관 협회 관련 유용한 링크 또한 제공하고 있다.

2) SOLINET 출판물(Publication)

지속적으로 출간되는 출판물과 연간출판물, 그리고 비정기출판물의 세 종류로 나뉜다.

(1) 지속출판물(Ongoing Publications)

- *SOLINET Solutions*
- *SOLINET Update*
- *Long Range Strategic Plan*

(2) 연간출판물(Annual Publications)

- *SOLINET Annual Report 2005~2006*
- *Annual Auditors' Report*

(3) 비정기출판물(Occasional Publications)

- *2005 Strategic Planning Survey*
- *2005 Educational Services Member Survey Results*
- *Southeastern Institute on Collaborative Library Leadership*
- *Getting the Word Out: A Beginner's Guide to Increasing Publicity and Community Awareness for Public Libraries and Other Community Networks*
- *American South Project(January 2002~January 2004) Final Report with Usability Study and Papers from the October 2003 Workshop on Applications of Metadata Harvesting in Scholarly Portals*

3) OCLC 보고서 및 출판물(Report and Press)

OCLC 협의회 회의보고서 및 관련 출판물에 대한 자료를 제공하고 있으며, 다음과 같다.

- 도서관 관리에 관한 보고서(Report on How Libraries Stack Up)
  홈페이지: http://www.oclc.org/info/compare
- OCLC 뉴스레터
  홈페이지: http://www.oclc.org/news/newsletter
- OCLC 연간보고서
  홈페이지: http://www.oclc.org/about/annualreport
- 뉴스 보도자료 OCLC 색인
  홈페이지: http://www.oclc.org/oclc/press
- OCLC 발표자료
  홈페이지: http://www.oclc.org/events/presentations
- OCLC 문학(OCLC Print-on-demand Literature)
  홈페이지: http://www2.oclc.org/events/printondemand
- OCLC 전자지원 뉴스
  홈페이지: http://www.oclc.org/oclc/menu/bit.htm
- OCLC 무료 출판물 리스트

홈페이지: http://www.oclc.org/oclc/man/publist/pubfree1.htm
- OCLC 유료 출판물 리스트(OCLC Billable Publications List)
  홈페이지: http://www.oclc.org/oclc/man/publist/bill1.htm

4) 보존(preservation) 관련 출판물

도서관, 기록관, 박물관 등의 기관에서 자료 및 기록 보존 관련 출판물에 대하여
행정부문, 장서관리부문, 재해대비부문, 환경부문, 디지털화부문 등으로 구분하여
제공하고 있다.

(1) 행정

- *Cooperative Preservation Programs: Selected Bibliography*
- *Education in Preservation and Conservation*
- *Funding Resources for Preservation*
- *Library and Archives Preservation: Selected Bibliography*
- *Preservation Budget Planning*
- *Preservation Planning: Selected Bibliography*
- *Resources for Preservation Staff and User Education*

(2) 장서관리

- *A Core Collection in Preservation*
- *Choosing and Working with a Conservator*
- *Collections Conservation: Selected Bibliography*
- *Conservation and Preservation Services and Supplies*
- *Handling Books In General Collections*
- *How to Enhance Your Library Binding*
- *Library Binding: Selected Bibliography*
- *Preservation of Photographs: Selected Bibliography*

- *Preservation Recording, Copying and Storage Guidelines for Audio Tape Collections*
- *Preserving Your Family Treasures*
- *Under Construction: Preservation and Collections Care Issues*

(3) 재해대비

- *Can You Stand the Heat? A Fire Safety Primer for Libraries, Archives and Museums, 1993*
- *Contents of a Disaster Plan*
- *Decision-Making Tree for Disaster Recovery*
- *Disaster Planning Process*
- *Disaster Preparedness and Recovery: Selected Bibliography*
- *Disaster Prevention and Protection Checklist*
- *Disaster Recovery Services and Supplies*
- *Drying Techniques for Water-Damaged Books and Records*
- *Drying Wet Books and Records*
- *Emergency Services Checklist*
- *Hurricane! Are You Ready for the Big One? A Primer for Libraries, Museums, and Archives*
- *In-House Supply Stockpile Checklist*
- *Invasion of the Giant Mold Spore*
- *Mold: Understanding the Problem and Recovering Safely*
- *New Strategies for Regional Disaster Mitigation and Response: Proceedings of a SOLINET Preservation Conference, April 28, 1999*
- *Protecting Your Institution from Wildfires*
- *Shelter from the Stormy Blast*

(4) 환경

- *Environmental Control Services and Supplies*
- *Environmental Specifications for the Storage of Library & Archival Materials*
- *Pest Control: Selected Bibliography*

(5) 리포멧팅 및 디지털(Reformatting and Digital)

- *Contents of a Digital Preservation Policy*
- *Creating and Preserving Digital Collections: Selected Bibliography*
- *Digital Imaging Services*
- *Reformatting Services*
- *To Scan Or Not To Scan: What Are the Questions?*
- *Virtual Libraries in the New Millennium, Proceedings of a SOLINET Conference, May 2, 2001*

5) 회원기관의 출판물

다음과 같은 회원 기관을 링크하여 회원기관 출판물을 검색·열람할 수 있도록 제공하고 있다.

- 앨라배마 도서관협회의 ALLA Online
- 플로리다 도서관협회의 FLA News Digest Florida Libraries Online
- 북동부 플로리다 도서관정보네트워크의 News from NEFLIN
- 탐파베이(Tampa Bay) 도서관컨소시엄의 TBLC News
- 켄터키 도서관협회의 KLA IN-FO-CUS
- KLA 정보기술원탁회의의 KLA Iterations
- KLA Information & Technology Round Table

- 루이지애나 도서관협회 학회부문의 Notes & Tracings
- 학교도서관 루이지애나협회의 LASL Newsletter
- 미시시피 도서관협회의 Mississippi Libraries
- 남동부 도서관협회의 Southeastern Librarian
- 남부캘리포니아 도서관협회의 News from the SCLA
- 남부캘리포니아 주정부도서관의 News for South Carolina Libraries
- 테네시 도서관협회의 TLA Newsletter
- 버지니아 도서관협회의 VLA Newsletter Virginia Libraries
- 뉴올리언스 공공도서관의 Footnotes
- 대학 및 연구도서관협회의 College & Research Library News
- 아미고스 도서관서비스 ¿Que Pasa?
- 인디애나 협동도서관서비스 INCOLSA(Indiana Cooperative Library Services Authority)
- 미시간 도서관컨소시엄의 NEWS@MLC
  홈페이지: http://www.mlcnet.org/public/news.php
- 미주리 도서관네트워크법인의 QuickFlash
- 뉴잉글랜드 도서관및정보서비스네트워크의 NELINET Liaison
- SUNY/OCLC Network의 NYLINK News
- 오하이오 도서관및정보네트워크의 OhioLINK Update
- 오하이오 네트의 OHIONETWORK
- PALINET의 PALINET News

UN DOCUMENTATION CENTRE

UN Documentation Centre
유엔도큐먼테이션센터

① 기 구

1) 소재사항

소재국가 미국

주   소 General Assembly United Nations, New York, NY 1007 USA

팩   스 +212 963 7555

전자우편 +212 963 3301

홈페이지 http://www.un.org/documents

2) 성 격

유엔도큐멘테이션센터(UN Document Centre)는 유엔(UN: United Nations)의 주요 조직의
정보원을 보유하고 전세계적으로 배포하는 UN심장부의 정보서비스 제공기관이다.

② 정보원

1) 정보원배포정책

유엔도큐멘테이션센터는 유엔의 공식문헌을 'Global Search'에서 제공하여 원문검
색이 가능하다. *UN Journal*은 PDF로 열람가능하다.

2) 주요 조직별 정보원

유엔도큐멘테이션센터는 총회, 안전보장이사회, 사무국, 신탁통치이사회, 경제사회
이사회 등 유엔(UN)의 주요 조직별 정보원들을 소개하고 있다.

(1) 총회(General Assembly)

- Session Documents
- Verbatim Records
- Resoultions
- Landmark Documents
- Search Press Release

(2) 안전보장이사회(Security Council)

- Resoultions
- SG Reports
- Search/Press Release
- Presidential Statements
- Exchange of Letters
- Meeting Records
- Mission Reports
- Sanctions Committees
- Notes by the President
- Selected Documents
- Repertoire

(3) 경제사회이사회(Conomic and Social Council)

- All Documents(current year)

- Resolutions

- Decisions

- Documents

- Archives(back to 1982)

- Subsidiary Bodies

- Bodies by Thematic Area

- Full‐text Search

- Press Release

(4) 사무국(Secretariat)

- Selected Documents

3) ODS(Official Document System of the United Nations)

유엔의 공식도큐먼트를 검색할 수 있는 검색 서비스로 특히 'Global Search'에는 원문 검색 기능이 있다. 이 정보 서비스에는 보도자료나 유엔판매용출판물(UN Sales Publications), 유엔 조약시리즈나 정보 소책자 등의 정보원은 포함되어 있지 않다.

4) Document Alert

상단의 메뉴 중 'Document Alert'는 2005년에 새로 개설된 서비스로서 새로운 유엔문헌이나 출판물 등의 정보원이 접수되었을 때 알려주는 역할을 한다. 대표적으로 'UN Pulse'가 있다.

- UN Pulse

  선택한 UN 온라인 정보, 출판물, 보고서, 도큐먼트들이 새로 접수되었을 때마다 알려주며, 해당 홈페이지에 가면 'Recent Entries'란에 최근 도큐먼트들이 있고 지난 도큐먼트들도 월별과 주제별 목록으로 검색가능하다.

5) 지도 및 지리정보(Maps and Geographic Information)

유엔의 사업별로 다양한 지도와 지리적 정보서비스를 제공하고 있으며, 이는 일반
적인 지도와 주제별로 구분되어 있다.

6) 정기간행물(Journal)

*UN Journal*은 매일 발행되는 PDF형식의 유엔소식지로 연결된다.

UNESCO Archives

UNESCO Archives
유네스코기록관

① 기 구

1) 소재사항

소재국가 프랑스
주   소 7, place de Fontenoy, 75352 Paris 07 SP France
전   화 +33 1 45 68 10 00
팩   스 +33 1 45 67 16 90
전자우편 j.boel@unesco.org
홈페이지 http://www.unesco.org/archives

2) 성 격

국제연합교육과학문화기구(UNESCO: United Nations Educational, Scientific and Caitual Organication)의 기록관(UNESCO Archives)으로서 유네스코의 모든 자료와 기록을 수입하여 국제적으로 제공하는 기관이다.

3) 설립연혁

유네스코기록관은(UNESCO Archives) 유네스코 기관의 기억(memory) 그 자체로서 1947년에 설립되어 유네스코의 모든 문서 및 기록을 보존하고 제공한다.

4) 설립목적

유네스코기록관의 목적은 유네스코의 설립목적인 교육, 과학, 문화를 통한 국가들 간의 협조를 증진시킴으로써 평화와 안보에 기여하고 봉사하는 것이다.

5) 주요사업

① 유네스코의 지식보고의 역할
② 유네스코 본부가 믿을 수 있고 효율적인 기록 관리를 하도록 협력
③ 유네스코의 역사와 기록에 기초한 정보배포와 제공을 위한 활동

6) 회 원

유네스코기록관은 유네스코의 회원을 기본으로 한다. 2001년 총 188개의 회원국이 등록되었다.

7) 유네스코역사프로젝트(UNESCO History Project)

· 유네스코역사프로젝트는 유네스코 설립 이후의 가치 있는 활동관련 기구의 역

사에 관한 조사연구를 장려하기 위해 시작되었다.

· 본 프로젝트는 일반 연구조사자들의 유네스코기록관 이용을 장려하는 데 또한 그 목적이 있다.

· 유네스코역사프로젝트를 위한 '국제과학위원회(International Scientific Committee)'가 사무총장에 의해 2006년 발족되었다. 본 위원회는 역사프로젝트 관리를 위한 독립적인 위원회이다.

② 정보원

1) 정보원배포정책

유네스코기록관의 '기록시리즈(archival series)'는 원문기록, 문서, 사진, 음향기록, 마이크로필름으로 구성되어 있다. 본부의 파일 프로그램은 국제십진분류법(UDC: Universal Decimal Classification)에 의거하여 정리되어 있다. '전자기록(Electronic Archives)'이 별도로 제공되는데, 이는 일반대중의 접근을 제한하고 있다. 그 외에 '온라인 문서(Files online)', '유네스코 관련 서비스(Related UNESCO Services)', '링크(Links)', '최근출판물(Just Published)'을 통해 유네스코의 방대한 정보원에 접근할 수 있다.

2) 시청각부(audiovisual division)와 홍보사무실(office of public information)

다음과 같은 시청각기록을 보유하고 있다.

· 1951년 이후의 만 2천 5백여 개의 필름 컬렉션
· 1983년 이후의 5천여 개의 비디오테이프
· 1950년 이후의 사진 컬렉션
· 3만 개 이상의 라디오 테이프

3) 주요 장서

유네스코기록관의 장서는 유네스코의 기능, 합의문, 계약 및 다른 서면으로 된 협정서, 서신, 파일, 보고서, 원고, 문서, 출판물, 사진과 영상기록, 마이크로폼 자료, 음향기록 등의 자료들로 구성되어 있다.

4) 기록그룹(AG: Archive Groups)

유네스코기록관은 '기록그룹(AG)'이라 하여 이를 기본으로 기록물들을 분류하고 있다. 16개의 기록그룹과 각각의 색인(index) 등은 다음과 같다.

① AG 1. 국제지적협력기구(IICI: International Institute ofIntellectual Cooperation), 1925~1946

- · IICI. Inventory of archives 1925~1946 (UIS.90/WS/1), AG 1/1
- · IICI. Index of correspondence(names, subjects), AG 1/2
- · IICI. Index of documents by code, AG 1/3
- · IICI. Index of publications, AG 1/4
- · IICI. List of publications (UIS.89/WS/5), AG 1/5

② AG 2. 교육부장관 연합회의(CAME: Conference ofAllied Ministers of Education), 1942~1945

- · CAME. List of documents and correspondence files (PRS.80/WS/2), AG 2/1
- · CAME. List of documents, AG 2/2
- · CAME. Index of documents, AG 2/3
- · CAME. Card-index of documents (ARC.90/WS/1), AG 2/4

③ AG 3. 유네스코 준비위원회(PREP. COM.: Preparatory Commission of UNESCO), 1945~1946

- · Prep.Com. Inventory of archives, AG 3/1
- · Prep.Com. Name and subject index to correspondence files, AG 3/2

· Prep.Com. Mail register 21 March - 17 December 1946, AG 3/3

· Prep.Com. Card - index of documents, AG 3/4

④ AG 4. 총회 도큐먼트(C: General Conference Documents) 1945~

· Check - list of documents of the Conference for the Establishment of UNESCO (ECO/CONF), London 1945, AG 4/1

· Inventory of General Conference documents, 1946 - 1989 (SID.78/WS/2 Rev), AG 4/2

· ICONFEX database: subject index to resolutions and related documents of the General Conference, 1946~

⑤ AG 5. 집행부 도큐먼트(EX: Executive Board Documents) 1946~

· List of Executive Board documents, 1946~, AG 5/2

· ICONFEX database: subject index to decisions and related documents of the Executive Board, 1980~

· List of in - depth studies carried out by the Executive Board, 1990, AG 6/7 CEU

· List of Special Committees and studies undertaken by them since 1957, AG 6/7 EX/SP

⑥ AG 6. 사무국 도큐먼트(S: Secretariat Documents) 1946~

· Card - index of documents, 1946~1972, AG 6/3

· UNESCO Bibliographic Database (UNESBIB), 1972~

· Registers of documents by code, 1946~, AG 6/4

· List of UNESCO document codes (symbols), 1946~1981, AG 6/5

· List of Administrative Circulars, 1960~1990, AG 6/7 Adm.Circ.

· List of Circular Letters, 1947~1990, AG 6/7 CL

· Inventory of Speeches by the Director - General of UNESCO, 1946~, AG 6/7 DG

· List of Decisions and Instructions of the Director - General, 1946~1990,

AG 6/7 DG 3

· Index of field mission reports, 1947~, AG 6/7 FMR

· Lists of Members of the Secretariat 1945~

⑦ AG 7. 유네스코 출판물(UNESCO Publications) 1946~

· Bibliography of publications issued by UNESCO or under its auspices the first twenty－five years: 1946~1971, UNESCO, Paris, 1973, AG 7/1

· Registers of UNESCO publications by ARC－code, 1946~

· Card－index of publications 1946~1971

· UNESCO Bibliographic Database (UNESBIB), 1972~

· The UNESCO Courier: index 1948~ (UNESBIB database)

· List of UNESCO periodicals, AG 7/3

· Register of maps kept by the Archives

· Registers of publications of National Commissions for UNESCO(partly computerized as of 1990)

· Registers of publications of Non－governmental Organizations(NGOs) working in close collaboration with UNESCO, 1945~

⑧ AG 8. 사무국 기록물(Secretariat Records), 1946~

· Abridged filing plan for the official dossiers in use by the Secretariat of UNESCO (GES/WS/2), AG 8/2.1 (NB: The official dossiers are also called "registry files", "official correspondence files" or "programme files")

· Index of inactive correspondence files, 1st series, 1946－1956, AG 8/2.2 REG

· Index of inactive correspondence files, 2nd series, 1957~1966, AG 8/2.3 REG

· Registry files: card index, 1946~

· Inventories of records transferred to the Archives by series (constituted by administrative units)

· Legal instruments (agreements, conventions, solemn documents and other instruments: list, registers, card‒index; partly computerized as of 1990), AG 8/3 LA 3

· Conventions and recommendations adopted under the auspices of Unesco: list in document CL/3419 (1996)

· List of Technical Assistance projects, 1950~1972, AG 8/3 TA

· List of Special Fund projects, 1959~1972, AG 8/3 SF

· Participation Programme(PP): list of documents and records, 1955~, AG 8/3 PP

· International Commission for a History of the Scientific and Cultural Development of Mankind(SCHM): inventory of archives 1944~1969 (PRS.79/WS/6), AG 8/4 SCHM

· Biographical files(name files) established by the Archives on selected persons related to UNESCO and it's activities

⑨ AG 9. 지부 기록물(Archives of Field Units)

· List of UNESCO Field Units, 1947~, AG 9/1

· International Bureau of Education(IBE), Geneva: inventory of archives, 1925~1969, AG/9 IBE (NB: These archives are kept by the IBE in Geneva)

· UNESCO Research Centre on Social and Economic Development in Southern Asia (URCSA), New Delhi, India: inventory of archives 1956~1966, AG 9 URCSA

· UNESCO Regional Office for Latin America and the Carribean(HAVCO), 1954~1964

· Middle East Science Co‒operation Office, Social Science Section (MESCO), 1949~1960

· UNESCO School Building Institutes(ARISBR), 1961~1973

· International Institute of Educational Planning(IIEP): chronological files, 1972~1988

· Records from the UNESCO Liaison Office with the UN Economic Commission in Africa(UN/ECA), Washington Liaison Office(WLO), Venice Office, International Institute of Educational Planning(IIEP)

· Records of field projects: Jakarta Office, Chief of UNESCO Mission, Mexico City, Afghanistan project files, Maldives project files, Rwanda project files

⑩ AG 10. SA 기록(Archives of Staff Associations)

· Inventory of archives of the Staff Association (STA), 1946~

⑪ AG 11. 마이크로 폼 복사본(Microcopies)

· List of microcopies, AG 11/1

· Check-list of General Conference documents on microfiches, 1946~1970, AG 11/2

· Check-list of Executive Board documents on microfiches, 1946~1982, AG 11/3 EX

· Lists of field mission reports on microfiches, 1947~1969, periodical reports, 1951~1970, AG 11/4 FMR

· UNESCO Bibliographic Database (UNESBIB), 1972~

· International Bureau of Education(IBE): Series of International Reports on Education, 1972~1990, documents of the International

· Conferences on Education, 1973~1990, and documents from the Experimental World Literacy Programme, 1966~1975, AG 11/6 SIRE

· International Institute of Educational Planning(IIEP): Publications and documents: microfiche catalogue, 1989, AG 11/6 IIEP

· UNESCO/ICSU: Study on the Feasibility of a World Science Information System, UNISIST. Proceedings 1966~1970: list of documents on microfiches, AG 11/6 UNISIST

⑫ AG 12. A-V 기록물(Audiovisual Archives)

· Audiovisual archives: references, AG 12/1

· Sound archives: catalogues, 1946~ , AG 12/2

· Office of Public Information(OPI): register and indexes on cards to radio programmes, 1949~

· UNESCO: film reference library catalogues, 1972 and 1973~1980, AG 12/3

· OPI: indexes on cards to films

· UNESCO: video catalogue, 1992, AG 12/2 Video

· OPI: Register of photographs, 1945~

· Diapositives/Slides UNESCO, AG 12/5 Diapo

· UNESCO Collection of Traditional Music, AG 12/6 IMC

· General Conference: list of speakers on tape recordings, 1968~ , 12/4 C

· Executive Board: list of speakers on tape recordings, 1968~ , 12/4 EX

⑬ AG 13. 그림류 원색 재생 기록물(Archives ofColour Reproductions of Paintings)

· Catalogue of reproductions of paintings prior to 1860, 1978 (CUA/18/21)

· Catalogue of reproductions of paintings 1860~ , 1981 (CUA/18/22)

⑭ AG 14. 유네스코 관련 출판물, 도큐먼트 및 기록물(Publications, documents and records on UNESCO)

· List of references to documents and records concerning UNESCO and its activities preserved in other repositories(and to copies of such documents and records acquired by UNESCO), AG 14; see also UNESCO Archives Finding Aids(ARC.91/WS/2), 1991, pp.18-19.

· Bibliography of Publications on UNESCO (LAD-84/WS/3), 1984(covers the period 1944~1983)

· Articles on UNESCO in the reading room(filed alphabetically by name of the author)

· UNESCO Bibliographic Database (UNESBIB), 1972~

⑮ AG 15. 국제기구 기록과 도큐멘테이션(Archives and Documentation of International Organizations)

· Intergovernmental Bureau for Informatics(IBI), Rome: inventory of archives, 1961~1988(draft), AG 15

· International Social Science Council(ISSC): inventory of archives, 1952~ , AG 15

⑯ AG 16. 전자 및 기계가독 기록물(Electronic and Machine - readable Records)

· Directory of UNESCO databases (DIT - 96/WS/2), 1996

5) 온라인 문서(Files Online)

상술한 기록그룹(AG) 중에서 온라인상으로 열람 가능한 문서의 목록은 다음과 같다.

● AG 1: 국제지적협력기구(IICI: International Institute of Intellectual Co - operation)

· A.I.1 Statuts organiques de l'IICI 1924~1925

· A.I.15 Correspondance avec Professeur Einstein 1925~1933

· A.I.16 Correspondance avec le Président de la CICI 1924~1946

● AG 8: 유네스코 통신 문서류(UNESCO Correspondence Files)

· UNESCO Education Institute Germany ‑ Site 1951~1953

· UNESCO Institutes in Germany Part I 1948~1954

· UNESCO Institutes in Germany Legal Matters 1950~1952

· UNESCO Institutes in Germany Governing Boards 1950~1955

· UNESCO Institutes in Germany Personnel 1951~1955

· Mission of Experts to Evaluate the Work of the UNESCO Institutes in Germany 1952~1955

- Visit of UNESCO Institutes in Germany by Members of the Executive Board Subcommittee 1952~1953
- Comité sur les principes philosophiques des droits de l'homme. Part I up to 31 May 1947
- Comité sur les principes philosophiques des droits de l'homme. Part II from 1 June 1947, 1947~1952
- Public Opinion Enquiries on Human Rights 1950~1954
- UNESCO Education Institute Germany – Meetings & Seminars 1952, 1951~1953
- Educational Mission 1948~1954 to Afghanistan 1948~1954
- Educational Mission to Afghanistan Reports 1951~1952
- Educational Mission to Afghanistan Follow up 1949~1952
- Educational Mission to Afghanistan Equipment 1949~1954
- Statement on Race. Part I. 1949~1951
- Statement on Race. Part II. 1951
- Statement on Race. Expert meeting of physical anthropologists and genetists. 1951
- Study on the positive contributions by immigrants. Part I. 1951~1953.
- Study on the positive contributions by immigrants. Part II. 1953~1955

- AG 8: 국장실 문서류(Files of the Office of the Director – General)
  - CAB 1/1
  - Report of the Advisory Committee of Experts (on UNESCO Administration – 'Aghnides Report') 1948

6) 최근 출판물(Just Published)

유네스코기록관에서는 유네스코의 최근 출판물을 홈페이지 우측하단에 따로 정리하여 제공하고 있다. 2007년 6월 현재 최근 출판물의 대표적인 목록은 다음과 같다.

- *60 Women Contributing to the 60 Years of UNESCO: Constructing the Foundations of Peace*
- *Sixty Years of Science at UNESCO 1945~2005*
- *"L'UNESCO racontée par ses anciens"*(AFUS publication)

7) 정보서비스

유네스코와 기록관련 정보서비스가 제공된다. 주요 정보서비스와 홈페이지는 다음과 같다.

- Library
  홈페이지: http://www.unesco.org/library
- Archives Portal
  홈페이지: http://www.unesco.org/cgi-bin/webworld/portal_archives/cgi/page. cgi?=1
- Photobank
  홈페이지: http://www.unesco.org/photobank/exec/index.htm
- Guide to the Archives of Intergovernmental Organizations
  홈페이지: http://www.unesco.org/archives/sio
- A Chronology of UNESCO, 1945~1987

UNESCO MOW

UNESCO Memory of the World

유네스코세계기록유산

1 기 구

1) 소재사항

소재국가 프랑스

주   소 UNESCO 7 Place de Fontenoy, 75352 Paris 07 - SP France

전   화 +33 1 4568 1000

홈페이지 http://portal.unesco.org/ci/en/ev.php - URL_ID=1538&URL_DO=DO_TOPIC
URL_SECTION=201.html

2) 성 격

전세계 기록유산의 보존과 이용을 위해 기록유산의 목록을 작성하고 효과적인 보존수단을 마련하기 위한 국제연합교육과학문화기구(UNESCO: United Nations Educational, Scientific and Cultual Organization)의 국제적인 사업이다.

3) 설립연혁

기록유산은 인류의 문화를 계승하는 중요한 유산임에도 불구하고 실제로 훼손되거나 영원히 사라질 위험에 처한 경우가 많다. 이에 1992년 유네스코에서 세계기록유산사업을 창설하였고, 1995년에 세계유산등록 선정기준을 합의하고 등록제도 창설을 권고하면서 시작된 사업이다.

4) 설립목적

① 세계적으로 중요한 기록유산을 가장 적절한 수단으로 보존토록 보장하고 국가 및 지역 수준의 중요한 기록유산의 보존을 장려
② 전세계 다양한 사람들의 접근을 용이하게 하고 평등한 이용을 장려
③ 기록유산에 기초해서 만들어진 기타 자료들을 발전시키고 전세계에 널리 보급
④ 세계적 수준에서 중요한 기록유산을 갖고 있는 모든 국가들의 인식을 제고

5) 운영지침

① 보존(Preservation)
② 접근(Access)
③ 기록유산 파생물들의 보급(Distribution of Derived Products)
④ 인식제고(Awareness)

6) 조 직

국제자문위원회와 지역위원회 및 국가위원회 그리고 사무국으로 구성되어 있다.

(1) 총 회

정기회의는 2년마다 개최하는데 2001년 6월 우리나라 청주에서 제5차 국제자문위원회 회의가 개최되었다. 2007년 6월 11일에서 15일까지 제8차 회의(8th Meeting of the Memory of the World International Advisory Committee)가 남아프리카의 프리토리아(Pretoria)에서 개최되었다.

(2) 국제자문위원회(IAC: International Advisory Committee)

- 구성: 사서, 법률전문가, 교육학자, 저술가, 문서관리 전문가 등 14명으로 구성되어 있다.
- 기능: 유네스코 일반정보사업국(PGI)에서 세계기록유산 사업을 담당하고, 국제자문위원회에서는 전반적인 의사결정을 수행한다.

(3) 국가위원회와 지역위원회(National Committees and Regional Committees)

국가위원회는 세계적으로 45개국에 설립되었으며, 지역위원회는 1998년 12월 북경 회의를 통해 아시아·태평양 지역에서 처음으로 구성되었다. 구체적으로 다음과 같다.

- 아프리카지역: Cameroon, Central African Republic, Dem. Rep. of Congo, Malawi, Nigeria, Tanzania에 설립되어 있다.
- 아랍지역: Egypt, Lebanon에 설립되어 있다.
- 아시아 및 태평양지역: Australia, China, Iran, Kazakhstan, Kyrgyzstan, Malaysia, Nepal, Philippines, Sri Lanka, Tajikistan, Thailand에 설립되어 있다.
- 유럽 및 북미지역: Austria, Belarus, Bulgaria, Canada, Croatia, Cyprus, Denmark, Estonia, France, Germany, Greece, Hungary, Italy, Kosovo, Latvia, Lithuania, Luxembourg, Norway, Poland, Serbia, Slovakia, Sweden 에 설립되어 있다.
- 남미 및 카리브해 지역: Argentina, Barbados, Brazil, Chile, Colombia, Costa Rica, Cuba, El Salvador, Guatemala, Haiti, Honduras, Mexico, Nicaragua, Saint Lucia, Venezuela에 설립되어 있다.

(4) 사무국(Secretariat)

UNESCO 본부 일반정보사업국(PGI)에서 담당하고 있다.
홈페이지: http://www.unesco.org/webworld/mdm

7) 세계기록유산 선정절차와 기준

(1) 기록유산

세계적으로 2007년 현재 59개국 총 120건의 기록유산이 세계기록유산으로 등재되어 있다. 대상이 되는 기록유산은 단독 기록일 수 있으며 기록의 모음 즉, 퐁(archival fonds)일 수도 있다. 주로 두 가지 경우로 기록을 담고 있는 정보와 그 기록을 전하는 매개물로 구분된다. 실제는 다음과 같다.

① 필사본, 도서, 신문, 포스터 등 기록이 담긴 자료와 플라스틱, 파피루스, 양피지, 야자 잎, 나무껍질, 섬유, 돌 또는 기타자료로 기록이 남아 있는 자료

② 그림, 프린트, 지도, 음악 등 비기록 자료(non-textual materials)

③ 전통적인 움직임과 현재의 영상 이미지

④ 오디오, 비디오, 원문과 아날로그 또는 디지털 형태의 정지된 이미지 등을 포함한 모든 종류의 전자 데이터

(2) 선정절차

세계기록유산에 대한 신청은 원칙적으로 모든 개인과 기관이 할 수 있으며, 관련 국가위원회나 지역위원회의 도움을 받을 수 있다. 각 국가에서 일반정보사업국에 신청서를 제출하고, 국제자문위원회의 정기 총회에서 최종적으로 결정한다. 구체적인 선정절차는 다음과 같다.

① 등록 신청서 제출(짝수연도 3월 말)

② 국제기록유산분야 NGO(ICA, IFLA 등)에 심사의견 제출(소위원회 개최 1개월 전까지)

③ 세계기록유산등재 소위원회에서 검토 및 권고사항을 국제자문위원회에 제출(자문위원회 개최 1개월 전까지)

④ 유네스코 세계기록유산 국제자문위원회에서 최종 심사 및 등록 권고(홀수연도 6월경)

⑤ 유네스코 사무총장 승인, 세계기록유산 등록 여부 결정

(3) 선정기준

주요 선정기준과 이차적인 선정기준을 두고 있으며, 그 내용은 다음과 같다.

- 주요 기준
  ① 영향력(Influence): 한나라의 기록유산이 세계의 역사에 중요한 영향력을 끼쳐 세계적인 중요성을 갖는 기록유산.
  ② 시간(Time): 국제적으로 중요한 변화의 시기를 현저하게 반영하거나 인류 역사의 특정한 시점에서 세계를 이해할 수 있도록 두드러지게 이바지한 기록유산.
  ③ 장소(Place): 세계 역사와 문화의 발전에 중요한 기여를 했던 특정 장소 (locality)와 지역(region)에 관한 중요한 정보를 담고 있는 기록유산.
  ④ 사람(People): 전세계 역사와 문화에 현저한 기여를 했던 개인 및 사람들의 삶과 업적과 특별한 관련을 갖는 기록유산.
  ⑤ 대상/주제(Subject/Theme): 세계 역사와 문화의 중요한 주제를 현저하게 다룬 기록유산.
  ⑥ 형태와 스타일(Form and Style): 형태와 스타일에서 중요한 표본이 되는 기록유산.
  ⑦ 사회적 가치(Social Value): 하나의 민족 문화를 초월하여 사회적, 문화적 또는 정신적으로 두드러진 가치가 있는 기록유산.

- 등록보조기준에 해당하는 이차적인 선정기준
  ① 원상태로의 보존(Integrity): 특별히 본연의 완벽한 상태로 보존되어 있는 기록유산.
  ② 희귀성(Rarity): 독특하고 특별히 진귀한 기록유산.

8) 관련 단체

유네스코세계기록유산(MOW)은 세계 각국의 기록유산 관련 국가기관, 연구기관, 교육기관, 비영리단체 등과 협력하고 있다. 관련단체의 단체명, 소재지, 홈페이지는 다음과 같다.

- Albany International Research Company(Mansfield)

  홈페이지: http://www.airesco.com
- ARCH: Art Restoration for Cultural Heritage Foundation(Anif)

  홈페이지: http://www.arch.co.at
- Conservation OnLine CoOL(Stanford)

  홈페이지: http://palimpsest.stanford.edu
- Dr. Jack McKenzie Limerick Pulp and Paper Research and Education Centre (Fredericton, New Brunswick)

  홈페이지: http://www.unb.ca/web/P&P_Centre/homepage.html
- Early Canadiana Online Website(Ottawa)

  홈페이지: http://www.canadiana.org
- ECPA: European Commission on Preservation and Access(Amsterdam)

  홈페이지: http://www.knaw.nl/ecpa
- Herty Foundation Research and Development Center(Garden City)

  홈페이지: http://www.herty.com
- Icon: The Institute of Conservation(London)

  홈페이지: http://www.icon.org.uk
- ICCROM: International Centre for the Study of the Preservation and Restoration of Cultural Property(Rome)

  홈페이지: http://www.iccrom.org
- NIC: National Institute for the Conservation of Cultural Property(Washington)

  홈페이지: http://www.stfi.se
- Swedish Pulp and Paper Research Institute(Stockholm)

  홈페이지: http://www.stfi.se
- The Canadian Conservation Institute(Ottawa)

  홈페이지: http://www.cci－icc.gc.ca

- Tokyo National Research Institute of Cultural Properties(Tokyo)
  홈페이지: http://www.tobunken.go.jp/index_e.html

9) 주요활동

① 세계적으로 가치가 있는 기록물의 목록 작성
② 해당 기록유산을 세계기록유산(MOW)에 등재하여 레이블 작업 수행
③ 첨단 정보기록방식인 디지털화를 통한 보존 수단의 마련
④ 필요한 자금의 조달 및 지원

10) 주요 시범 사업

① 프라하 원고본(原稿本, Manuscripts of Prague) 사업
② 라지빌 연대기(Radzivil Chronicle) 사업
③ 성 소피아(Saint Sophia) 사업
④ 사나 원고본(原稿本, The Sana's Manuscripts) 사업
⑤ 이베로 아메리카의 기억(Memoria de Iberoamerica) 사업
⑥ 칸딜리 천무대의 원고본(原稿本, Manuscripts of Kandilli Observatory) 사업
⑦ 러시아의 기억(Memory of Russwia) 사업
⑧ 아프리카 엽서(Africa Postcards) 사업
⑨ 다르 알 쿠툽의 보물(Treasures of Dar Al Kutub) 사업
⑩ 빌니우스 대학 필사본(Manuscripts of Vilnius University) 사업
⑪ 라틴아메리카 및 카리브 지역의 사진 컬렉션(Photographic Collection in Latin America and the Caribbean) 사업

11) 한국과의 관계

(1) 유네스코한국위원회(Korean National Commission for Unesco)

주   소 서울 중구 명동 2가 50－14

전   화 +82 2 755 1105(내선 400)

팩   스 +82 2 755 6667

전자우편 webmaster@unesco.co.kr

홈페이지 http://www.unesco.or.kr

(2) 한국의 기록유산(Mow of World)

전자우편 sklee@unesco.co.kr

홈페이지 http://www.unesco.or.kr/mow

(3) 한국의 세계기록유산

세계기록유산(MOW)에 등재된 우리나라의 기록유산과 등재된 시기는 다음과 같다.

① 훈민정음 해례본(1997년 10월)

② 조선왕조실록(1997년 10월)

③ 승정원일기(2001년 9월)

④ 직지 하권(2001년 9월, 원명: 白雲和尙抄錄佛祖直指心體要節)

⑤ 팔만대장경 경판(2007년 6월)

⑥ 조선왕조 의궤(2007년 6월)

참고로 최근의 2건의 한국의 세계기록유산 등재관련 상황을 살펴보면 2005년 외교통상부를 통해 '고려대장경판 및 제 경판'과 '조선왕조 의궤(儀軌)' 등을 유네스코 세계기록유산으로 등재 신청했다. 2006년 3월 30일 전문가 자문회의 및 문화재위원회 심의를 거쳐 최종 선정됐으며, 2007년 6월 14일 제8차 정기회의에서 2건 모두 세계기록유산으로 등재키로 최종 결정됐다. 특히 경판을 보관하고 있는 해인사 장경판전(장경각)은 1995년 12월 세계유산으로 등재된 바 있다.

(4) 유네스코 직지상

2005년부터 시행한 직지상(直指賞, Jikji Memory of the World Prize)은 우리나라의 직지가 세계기록유산에 등재된 것을 기념하고, 인류공동의 자산인 기록유산 보존과 활용에 크게 공헌한 개인이나 단체에게 수여하는 상이다. 2년마다 청주시의 '직지의 날'에 시상하고 상금은 미화 3백 달러이다. 2005년의 경우 체코 국립도서관에 직지상이 수여되었다.

② 정보원

1) 정보원배포정책

'New Archives'는 1999년부터 2006년까지의 전세계 각국의 MOW 관련 뉴스 기록물을 원문으로 제공하고 있으며, 'Documents/Publications'에서 각각의 도큐먼트와 출판물을 PDF로 링크해 놓았다. 국제, 국가 및 지역 차원의 각 프로젝트와 MOW 관련 행사는 'Projects'와 'Events'에서 원문과 사진자료(PhotoBank) 등을 제공하고 있어 비교적 용이하게 열람할 수 있다.

2) 도큐먼트와 출판물(Documents/Publications)

MOW 프로그램 관련 전자 출판물(Electronic publications), MOW 프로그램 관련 총회와 회의 및 행사관련 도큐먼트(Meeting Documents), 소책자나 CD‒Roms와 같은 유네스코가 출판했거나 지원한 간행물들, MOW 프로그램 관련 모든 데이터베이스들, MOW 프로모션 도큐먼트, 그리고 그 외 MOW 프로그램 관련 도큐먼트와 양식들을 제공하고 있다.

(1) 도큐먼트(Documents)

- *A Survey of Current Library Preservation Activities*
- *Digitizing Historical Photographs*
- *Guidelines for E-reference Library Services for Distance Learners and Other Remote Users*
- *Guidelines for Legal Deposit Legislation*
- *IFLA/UNESCO Survey on Digitization and Preservation*
- *Lost Memory - Libraries and Archives Destroyed in the Twentieth Century*
- *Memory of the World: General Guidelines to Safeguard Documentary Heritage*
- *Preserving Our Documentary Heritage*

(2) 시디롬(CD-Roms)

- *100 años de Arquitectura en Colombia*
- *Catalogue of Arabic Manuscripts of the National Library of the Czech Republic*
- *Digitization of Rare Library Materials Memoriae Mundi Series Bohemica 1998*
- *Memory of Russia*

(3) 데이터베이스(Databases)

- *Endangered Memory - Mémoire en péril*
- *UNESCO/IFLA Directory of Digitized Collections*

MOWCAP

UNESCO MOWCAP

UNESCO Memory of the World Committee for Aisa/Pacific

유네스코아시아 · 태평양세계기록위원회

① 기 구

1) 소재사항

소재국가 홍콩

주   소 4/F, Hong Kong Public Records Building 13 Tsui Ping Road, Kwun Tong,
Kowloon Hong Kong

전자우편 simonchu@mowcap.org

홈페이지 http://www.unesco.mowcap.org/index.htm

2) 성 격

아시아 · 태평양세계기록위원회(MOWCAP)는 유네스코의 글로벌세계기록프로그램
(UNESCO's Global Memory of the World)으로써 세계기록유산 프로그램(MOW
Program)의 지역위원회이자 지역포럼이다.

3) 설립연혁

MOWCAP는 유네스코에 의해 설립된 세계기록 프로그램의 국제자문위원회(ICA:
International Advisory Committee)의 보조기구이다. MOWCAP은 1997년에 설립되
고, 1998년 중국 베이징에서 열린 제1회 MOWCAP 총회에 의해 발족되었다.

4) 설립목적

MOWCAP의 설립목적은 세계기록 프로그램을 각 지역 내에서 촉진하고 장려하며 모니터하는 것이다. MOWCAP은 국제적인 세계기록유산(MOW)에 지원하는 각 지역의 기록유산에 대한 알맞은 추천 및 후보등록을 장려하고 지원한다. 구체적으로 다음과 같다.

① 지역 내에서 MOW 프로그램을 촉진, 장려 및 모니터
② 국제적 수준에서 지역을 대표
③ 세계기록유산 등재를 독려, 지원 및 활성화
④ 국가위원회의 사업을 지지 및 보완
⑤ 아시아·태평양 지역 프로그램과 기록유산에 대한 인지도 고양

5) 기능과 역할

본 위원회는 유네스코 세계기록유산(MOW)의 5대 지역위원회의 하나로서 다음과 같은 기능과 역할을 수행한다.

① 지역차원의 세계기록유산 등록 개발과 국가차원의 세계기록유산 등록 지원
② 프로젝트 조정
③ 기금관리
④ 국가지역위원회(Memory of the World Committees)가 없는 국가 후원
⑤ 국제적인 세계기록유산(MOW) 등재를 위한 지역 채널
⑥ 국가 간 교류 프로젝트 참여인들과의 공통적 관심 공유
⑦ 그룹이나 국가 간 교류 차원의 기록유산 등록 또는 비희망적인 경우에 대한 후원
⑧ 국가위원회 설립 장려 및 지도
⑨ 지역 내 기록유산의 공표 지원 및 인식제고

6) 조 직

MOWCAP은 해당 지역 내의 국가위원회로 구성된다. MOWCAP의 구조는 다음과 같다.

(1) 총회(General Meeting)

매 2년마다 MOWCAP의 정책과 활동을 결정하기 위한 총회가 열린다. 1998년 중국 북경(北京, Beijing)에서의 제1차 총회 이후 제2차 총회는 2005년 11월 필리핀 마닐라(Manila)에서 개최되었다.

(2) MOWCAP 사무국(Bureau)

① 구성. 1명의 회장, 필요시 1~2명의 부회장, 사무총장(Secretary General)을 선출하고, 직무상 회원인 자문위원(UNESCO Regional Advisor)을 선임한다. 현재 회장은 호주의 에드몬슨(Ray Edmondson)이다.

② 업무. MOWCAP 정기회의에서 승인된 사업프로그램의 계획, 조직, 실행 및 모니터관련 책임을 진다.

③ 회의(Bureau Meeting). 일반적으로 1년마다 개최한다. 제1차 회의는 1994년 12월 말레이시아 쿠알라 룸푸르(Kuala Lumpur)에서 개최하였고, 2006년 11월 중국 상해(Shanghai)에서 제6차 회의를 개최하였다.

(3) 분과(MOWCAP Subcommittees)

MOWCAP은 편집분과(Editorial Subcommittee)와 기록분과(Register Subcommittee)로 조직되어 필요와 실정에 따라 운영된다.

7) 회원 국가

MOWCAP은 유네스코 세계기록유산(MOW)의 아프리카, 아랍, 유럽 및 북미, 남미 및 카리브해 지역과 함께 5대 지역위원회의 하나로서 아시아 · 태평양 지역위원회이다. 현재 호주, 중국, 이란, 카자흐스탄(Kazakhstan), 키르기스스탄 공화국 (Kyrgyzstan), 말레이시아, 네팔, 필리핀, 스리랑카, 타지키스탄 공화국(Tajikistan), 태국 등의 국가위원회가 회원 국가이다.

8) 주요사업

① 기록유산의 중요성에 대한 인식증진과 접근성 및 이용개선
② 지역 내 정보공유 및 최적사용 촉진
③ 아시아·태평양 프로그램을 위한 정치적, 사회적, 경제적 지원
④ 다국적·다문화적 특이점에 관한 가치수집의 국가 간 연결 장려
④ 국가 MOW 위원회 설립 장려
⑤ 기록유산의 MOW 아시아·태평양 지역 기록(Asia/Pacific Regional Register) 유지
⑥ 국제 자문 위원회에 의한 선택조건과 다른 중요 문제 결정과 추천에 관한 토론
⑦ MOW 프로젝트·활동을 위한 지원

9) 최근사업

최근 'Goodwill Patron Project'를 계획하였으며, 구체적으로 다음과 같다.

(1) 성 격

아시아·태평양 지역의 MOWCAP에 가입한 유네스코 회원국을 만나기 위하여 2004년 12월 조성된 프로젝트.

(2) 목 적

MOWCAP 과 MOW 프로그램의 역할과 활동을 소개하고 국가위원회 설치 장려

(3) 업 무

MOW 프로그램에 관한 정보제공 및 국가위원회 설치 혜택 설명, 해당국가의 국

가위원회 설치를 위한 지침 관련 정보 제공 그리고 역할과 절차 설명, 국가위원회 지정 관련 다양한 MOWCAP 정보 제공, 국가위원회 존재 공지 강조 등

10) 한국과의 관계

한국의 유네스코 등재 세계기록유산을 탑재하여 링크하고 있다. 2007년 6월 등재된 세계기록유산의 경우 아직 처리되지 않았으며, 이는 전술의 유네스코 세계기록유산 부분을 참조바란다.

- *The Hunmin Chongum manuscript*(1997)
- *The Annals of the Choson Dynasty*(1997)
- *Seungjeongwon Ilgi, the Diaries of the Royal Secretariat*(2001)
- *Buljo Jikji Simche Yojeol*(vol.II), the second volume of "Anthology of Great Buddhist Priests' Zen Teachings"(2001)

② 정보원

1) 정보원배포정책

'Documents/Publications'에서 도큐먼트와 출판물 등을 검색·열람할 수 있다. 각각의 자료는 PDF로 링크가 되어 있거나 다운로드받을 수 있다. 'Projects'에서는 MOWCAP의 프로젝트에 대한 설명을 제공하며 'Final Report'를 다운로드받아 열람할 수 있다. 'Register'에서는 아시아태평양 지역에서 기록유산으로 지명된 리스트를 링크시켜 놓아 다양한 기록관련 홈페이지에 쉽게 접할 수 있다.

2) 도큐먼트와 출판물(Documents/Publication)

- *Statues*

  MOWCAP 법규집

- *Rules of Procedure: Bureau*

  MOWCAP 사무국의 기본사항에 관한 규정집

- *Rules of Procedure: Register Subcommittee*

  MOWCAP 기록분과에 대한 규정집

- *Memory of the World: General Guidelines to Safeguard Documentary Heritage*

  기록유산 보존 관련 일반적인 지침서로서 MOW 홈페이지로 이동하여 화면 하단에 있는 PDF 파일을 다운받아야 한다.

- *MOWCAP General Guidelines*

  MOWCAP의 일반적인 지침서

- *Progress Report on the Development of the Asia: Pacific Regional Dimension of the 'Memory of the World' Program*

  2005년 9월에 보고된 MOW Program의 아시아·태평양 지역 개발에 관한 진행 보고서

- *Goodwill Patron Report*

  상술한 2005년 3월부터 7월 사이에 인도네시아, 라오스 공화국, 베트남, 캄보디아에서 진행된 'Goodwill Patron Project'에 관한 보고서

3) 프로젝트(Projects)

2007년 5월 현재 도큐먼트와 출판물(Documents/Publications)에서도 볼 수 있는 'Goodwill Patron Project'에 대한 설명과 보고서가 제공되고 있다.

4) 프로그램(Program)

아시아·태평양 지역 관련 해당 국가의 프로그램이다. 프로그램명과 홈페이지는 다음과 같다.

- Central Asia Programme

  홈페이지: http://www.unesco.kz/mow

- Central Scientific Library of the Academy of Sciences of the Republic of Tajikistan Rare Books Preservation Project

  홈페이지: http://www.aclib.tj/eng/rare.html

- Pacific Information for all Programme(IFAP)

  홈페이지: http://portal.unesco.org/ci/en/ev.phd – URL_ID+22223&URL_DO_
  DO_TO PIC&URL_SECTION+201.html

5) 아시아·태평양지역기록유산(Register)

UNESCO 세계기록유산에 공식 등재된 것으로 MOWCAP에 아시아·태평양 지역 기록유산으로 등재되어 있는 기록유산과 등재 시기는 다음과 같다. 한국의 경우는 유네스코세계기록유산(UNESCO Mow)부분의 '한국의 세계기록유산'을 참조 바란다.

(1) 호주(Australia)

- *The Endeavour Journal of James Cook*(2001)
- *The Mabo Case Manuscripts*(2001)

(2) 아제르바이잔(Azerbaijan)

- *Medieval Manuscripts on Medicine and Pharmacy*(2005)

(3) 중국(China)

- *Traditional Music Sound Archives*(1997)

- *Records of the Qing's Grand Secretariat*(1999)
- *Ancient Naxi Dongba Literature Manuscripts*(2003)
- *Golden Lists of the Qing Dynasty Imperial Examination*(2005)

(4) 인도(India)

- *The I.A.S. Tamil Medical Manuscript Collection*(1997)
- *Saiva Manuscripts in Pondicherry*(2005)
- *Archives of the Dutch East India Company*(2003)

(5) 인도네시아(Indonesia)

- *Archives of the Dutch East India Company*(2003)(Joint Nomination between two or more Countries)

(6) 카자흐스탄(Kazakhstan)

- *Collection of Manuscripts of Khoja Ahmed Yasawi*(2003)
- *Audiovisual Documents of the International Antinuclear Movement "Nevada −Semipalatinsk"*(2005)

(7) 말레이시아(Malaysia)

- *Correspondence of the late Sultan of Kedah(1882~1943)*(2001)
- *Hikayat Hang Tuah*(2001)
- *Sejarah Melayu(the Malay Annals)*(2001)

(8) 뉴질랜드(New Zealand)

- *The Treaty of Waitangi*(1997)
- *The 1893 Women's Suffrage Petition*(1997)

(9) 파키스탄(Pakistan)

- *Jinnah Papers*(1999)

(10) 필리핀(Philippines)

- *Philippine Paleographs (Hanunoo, Buid, Tagbanua and Pala'wan)*(1999)
- *Radio Broadcast of the Philippine People Power Revolution*(2003)

(11) 스리랑카(Sri Lanka)

- *Archives of the Dutch East India Company*(2003)(Joint Nomination between two or more countries)

(12) 타지키스탄(Tajikistan)

- *The Manuscript of Ubayd Zakoni's "Kulliyat" and Hafez Sherozi's "Gazalliyt"* (XIV century)(2003)

(13) 태국(Thailand)

- *The King Ram Khamhaeng Inscription*(2003)

(14) 우즈베키스탄(Uzbekistan)

- *Holy Koran Mushaf of Othman*(1997)
- *The Collection of the Al − Biruni Institute of Oriental Studies*(1997)

The World Bank

WBGA
The World Bank Group Archives
세계은행기록관

① 기록관

1) 소재사항

소재국가   미국

주   소   World Bank Group Archives MSN MC C3 - 302 The World Bank 1818 H
Street, NW Washington, DC 20433 USA

전   화   +1 202 473 2000

팩   스   +1 202 522 2761

전자우편   archives@worldbank.org

홈페이지   http://www.worldbank.org/archives

2) 성 격

세계은행의 사명은 빈곤을 퇴치하고 개발도상국 지역 국민의 생활수준을 향상시키
는 것이며, 세계은행기록관(World Bank Group Archives)은 1946년부터 현재까지의
세계은행 회원 국가들에게 관련 기록물을 제공하는 국제적인 기록관이다.

3) 설립연혁

세계은행은 1944년 7월 뉴햄프셔 브레턴우즈에서 열린 국제연합통화금융회의 협상

에서 설립을 결정해 1946년 6월 정식으로 업무를 시작했다. 초기에는 제2차 세계대전의 전후복구를 위해 기금을 조성했으나 1949년경부터는 주된 목표가 바뀌어 경제개발을 위한 대부(貸付)에 주력했다. 본부는 미국 워싱턴(Washington D.C.)에 있다. 세계은행기록관은 1946년부터 현재까지의 세계은행 회원 국가들과 관련된 161,000 이상의 개발정보 컬렉션을 소장 제공하고 있다.

4) 조   직

· 세계은행그룹은 국제부흥개발은행(IBRD)과 그 자매기구인 국제개발협회(IDA), 국제금융공사(IFC), 국제투자보증기구(MIGA), 국제투자분쟁해결본부(ICSID) 등을 포함한다. 이 중에서 IBRD와 IDA를 합쳐 세계은행이라 칭한다.
· 세계은행은 총회, 상무이사회, 총재, 그리고 참모들이 운영한다. 총회는 전 회원국의 대표들로 구성되고, 1년에 한 번 소집한다.
· 21명의 상무이사들이 정책을 수행하며 모든 대부의 승인 여부를 결정한다.

5) 주요 사업

· 세계은행은 회원국들이 출자한 자본불입금, 세계자본시장에서의 채권발행, 순사업소득 등으로 기금을 마련한다. 각 회원국의 자본출자액은 상대적인 경제력 수준에 따라 다르게 결정된다. 실제로는 대개 자본출자할당액의 10% 정도만 불입되고 나머지는 요구가 있을 때 불입된다.
· 세계은행은 일반적으로 정부 또는 정부의 상환보증을 받은 사기업에 직접 대부(貸付)를 함으로서 민간자본을 싼 이자로 이용하지 못하는 상황에 처한 특정사업을 지원한다.
· 은행자산의 대부분이 처음에는 전력, 수송, 상·하수도 등 공적·사적으로 공익사업을 하는 단체들에게 대부금(貸付金)을 융자하는 것으로 쓰였다. 그러나 20세기 후반에 들어서면서 농업과 농촌개발 부문이 가장 중요한 대부영역으로 되었다.
· 세계은행은 일반적인 원칙으로 원료와 장비 수입이나 해외용역 수입 등에만 비용을 대출하며, 또한 지불은 해외공급자에게 직접 한다. 이자율은 주로 세계은행의 차입비용에 따라 부과한다.

· 그 외에 세계은행은 금융지원 외에 기술지원도 제공한다.

② 정보원

1) 정보원배포정책

세계은행의 정보원은 일반적으로 공개를 원칙으로 하나 세계은행 정책 결정에 따라 제한적으로 공개된 문서들도 있다. 기록물은 ISAD(G)의 기록물기술의 다계층구조로 검색되며, 간행물은 키워드로 검색된다. 웹기록의 경우 주제별 브라우징의 방식으로 검색 가능하다.

2) 소장기록물

1946년부터 현재까지의 국가문서, 프로젝트 보고서, 서신, 필름, 비디오, 사진 등의 세계은행 공식 문서들을 보관하고 있다. 프로젝트 서류, 국가정보, 경제보고서, 부분연구, 정책서류, 역사인터뷰, 필름, 비디오, 사진 등을 포함한다.

3) 기록의 목록기술

세계은행기록관(World Bank Group Archives)은 국제표준기록물기술(ISAD(G): International Standard for Archival Description General)에 의거하여 기록물을 목록기술하며, 다계층구조(multi‐level)로서 기록물의 가장 최상위군인 기록물군(퐁, fonds, 이하 퐁)을 기준으로 기록물들을 세분화한다. 이는 이하 기록물 검색에 구체적으로 기술되어 있다.

4) 기록물의 검색

① 세계은행기록관의 퐁은 각각에 대한 설명이 있다. 하나의 사무소(office)를 단위

로 하는 퐁의 기록들은 여러 가지 다른 시리즈(series)의 기록을 포함하기도 한
다. 만약 한 사무소가 하부조직을 둔 큰 사무소일 경우가 그렇다. 때때로 퐁 설
명으로 시리즈를 간단히 정렬해 놓은 정도일 때도 있다. 퐁은 가장 큰 기록물군
이므로 하위 퐁(sub fonds), 시리즈(series), 파일(file), 아이템(item)의 기술단위
순으로 설명이 따로 존재하기도 한다.

② ISAD(G)를 사용하는 설명의 경우는 개개의 퐁과 연관되어 설명이 된다. 예를
들어 만약 'element 3.4 Arrangement'에 존재하는 퐁이 5개의 시리즈를 보유하
고 있다고 하면, 그 시리즈에 대한 설명을 그곳에 링크해 놓고 있다.

③ 파일 제목과 같은 방법으로 리스트를 정리하여 이용자가 찾기 용이하게 되어
있는 경우도 있다. 예를 들면 어떤 파일은 'element 4.5 Finding Aids'에서 찾을
수 있다.

④ 어떤 특정한 시리즈를 찾고 싶어 하는 이용자가 있다면 직접 세계은행기록관
(WBGA)에 연락을 해야 한다.

⑤ 마지막으로 하나의 퐁에 있는 많은 기록들은 다른 퐁에 있는 기록들과 긴밀하
게 연결되어 있다. 예를 들어 어떤 퐁이 'element 5.3 Related'라고 설명되어 있
으면 이용자는 해당 퐁이 element 5.3과 연관이 있다는 것을 알 수 있고
element 5.3을 찾아보면 된다.

5) 출판물의 검색

· 출판물의 경우 출판물리스트가 아닌 직접 키워드를 가지고 원하는 정보를 찾아
야 한다.

· 주제 뿐 만 아니라 세계은행이 그 주제와 관련하여 가장 최근에 다뤘던 프로그
램이나 프로젝트와 관련하여 원하는 자료를 찾을 수 있다. 예를 들어 만약 이용
자가 기니아에 대한 자료를 찾고자 한다면,

① 퐁 1의 기니아 국가 파일을 제일 먼저 찾게 될 것이다.

② 기니아에 대한 정보는 세계은행의 아프리카 프로그램(퐁 5, 아프리카 지역사

무소(office))에 관한 기록에도 나와 있다.

③ 그리고 서아프리카 대표사무소와 코트디부아르 국가사무소(퐁 74)에도 기니아와 관련된 몇 가지 중요한 정보파일이 있다.

④ 만약에 이용자들이 기니아의 농업에 관한 정보를 찾고자 한다면 그들은 농업개발부분(Agriculture and Rural Development Sector)의 개발정책을 찾아보도록 해야 할 것이다(퐁 27).

6) 웹기록(Web Archives)의 검색

웹기록의 경우 키워드검색이 아닌 주제별 브라우징을 통한 검색방법을 제공하고 있다. 가장 기본적인 검색은 '특정날짜별 검색'과 '연도별 검색', 그리고 '국가별 검색'이 있다. 그 외의 주제별 브라우징 검색은 사업활동(Business Activity), 언어(language), 사이트소유자(Site Owner), 논제(Topic)의 항목으로 구분되어 있으며, 다음과 같다.

(1) 사업활동(Business Activity)

이는 다음과 같이 구분되어 있다.

- 국가프로그램과 서비스(Country Programs and Services)
- 연구개발(Development Research)
- 재무서비스(Financial Services)
- 글로벌프로그램과 서비스(Global Programs and Services)
- 건강서비스(Health Services)
- 지역개발(Regional Development Work)

(2) 언어(Language)

알바니아어(Albanian), 아랍어(Arabic), 아제르바이잔어(Azerbaijani), 영어(English), 불어(French), 키르기즈어(Kyrgyz), 포르투갈어(Portuguese), 러시아어(Russian), 스페인어

(Spanish), 우크라이나어(Ukrainian) 등으로 구분되어 있다. 여기에는 지역(Region)을 기준으로 아프리카(Africa), 동아시아와 태평양(East Asia and Pacific), 유럽과 중앙아시아(Europe and Central Asia), 남미와 카리브연안(Latin America & Caribbean), 중동아시아와 북아프리카(Middle East and North Africa), 남아시아 (South Asia) 등으로 구분된다.

(3) 사이트소유자(Site Owner)

다음과 같이 구분되어 있다.

- East Asia & Pacific Regional Office
- Environmentally and Socially Sustainable Development Network
- Europe & Central Asia Regional Office
- Human Development Network
- Latin America & Caribbean Regional Office
- Legal Department
- Middle East & North Africa Regional Office
- Office of the Regional Vice Pres(AFRVP)
- Poverty Reduction and Economic Management Network
- South Asia Regional Office

(4) 논제(Topic)

농업 및 농업개발(Agriculture & Rural Development), 경제정책(Economic Policy), 교육(Education), 에너지(Energy), 환경(Environment), 정부(Governance), 건강 (Health), 사회개발(Social Development), 무역(Trade), 도시개발(Urban Development), 수자원(Water Resources) 등으로 구분된다.

WITNESS
WITNESS
위트니스

① 기 구

1) 소재사항

소재국가 미국

주   소 80 Hanson Place, 5th Fl. Brooklyn, NY 11217 USA

전   화 +1 718 783 2000

팩   스 +1 718 783 1593

홈페이지 http://www.witness.org

2) 성 격

위트니스(WITNESS)은 지역그룹의 인권옹호 캠페인을 위한 비디오 사용관련 지지와 교육을 제공하는 국제적인 인권기구이다.

3) 설립연혁

WITNESS는 (구)인권변호사협회(Lawyers Committee for Human Rights)의 프로젝트로서 1992년에 설립되었다. 현재 인권우선(Human Rights First, 홈페이지: http://www.humanrightsfirst.org)으로 개칭되었다.

4) 설립목적

① 시청각 인권자료의 기록화(document) 및 보존
② 옹호자, 변호사, 역사가, 저널리스트, 교육자, 정책입안가, 일반대중에게 지속적이고 가능한 접근 제공
③ 진행 중인 WITNESS와 파트너들의 제작 및 지지 지원
④ 뉴스미디어를 위한 중요한 기사 정보원으로서의 역할

5) 사 명

① 개인 및 커뮤니티의 지지 및 옹호를 위한 인권 기본원칙과 긍정적 변화 야기
② 가장 높은 수준의 참여, 포함, 대응을 보증하는 협동 및 파트너십
③ 개인 및 커뮤니티의 지지를 보증하고 강화시키기 위한 자원 및 전략으로의 접근

6) 주요사업

· WITNESS는 핵심 파트너십(Core Partnership)과 비디오지지도입(Seeding Video Advocacy)이란 두 가지 이니셔티브를 바탕으로 인권그룹들과 함께 활동한다. 핵심 파트너십은 특정문제에 관해 2~3년의 집중적인 협동을 위한 이니셔티브이며, 비디오지지도입은 전세계의 단기교육을 위한 이니셔티브이다.

· WITNESS는 영상(image)이란 중요하나 인권유린을 멈추기에는 영상만으로는 충분하지 않다는 사실을 강조한다. WITNESS는 변화 유도가 가능한 인권관련 이야기들과 전략적 캠페인을 담은 영상을 중심으로 파트너들을 교육함으로써 변화를 도모하고자 한다.

· WITNESS의 핵심파트너 캠페인은 정책 및 현행을 바꾸는 데 주력하고 있다.

· WITNESS는 콩고공화국, 미국, 세네갈, 멕시코, 시에라리온 등에서 정부 및 국제사법재판소(ICC: International Criminal Court) 등과 함께 인권과 관련된 활동을 해오고 있다.

7) 파트너십

WITNESS의 파트너는 비영리, 무소속, 비정부기관들이다. 파트너 기구들은 모두 인권증진을 위한 비디오 사용을 의무화한다. WITNESS는 파트너들이 인권문서 및 옹호 관련 비디오 이용에 대한 교육 및 지원을 하며 장비를 제공하기도 한다. WITNESS는 파트너들의 기금제공자로서 그 외에도 조언자이고 협력자이며 촉진자이다. WITNESS의 핵심파트너들은 다음과 같다.

(1) 아프리카

- 콩고공화국(Democratic Republic of Congo)의 Ajedi‐ka(Association des Jeunes pour le Developpment Integre ‐ Kalundu)
- 우간다(Uganda)의 HURIFO(Human Rights Focus)
- 케냐(Kenya)의 CEMIRIDE(Centre for Minority Rights Development)

(2) 아메리카

- 미국(USA)의 AFSC(American Friends Service Committee)
- 볼리비아(Bolivia)의 CEADESC(Centro de Estudios Aplicados a los Derechos Economicos Sociales y Culturales)
- 멕시코(Mexico)의 Comisión Mexicana de Defensa y Promoción de los Derechos Humanos
- 브라질(Brazil)의 CPT(Comissão Pastoral da Terra)와 CEJIL(Center for Justice and International Law)

(3) 아시아

- 태국/버마(Thailand/Burma)의 Burma Issues
- 파푸아뉴기니/인도네시아(Papua/Indonesia)의 SKP(Sekretariat Keadilan dan Perdamian)/Jayapura(Office for Justice and Peace)

(4) 유럽

- 크로아티아(Croatia)의 Association for Promoting Inclusion
- 불가리아(Bulgaria)의 Organization Drom
- 체첸공화국/러시아연방(Chechen Republic/Russian Federation)의 Human Rights Center Memorial in Grozny

② 정보원

1) 정보원배포정책

'News and Events'와 'Media Archive'에서 WITNESS 및 파트너 기관의 보도내용 및 영상물에 대한 정보를 제공하고 있다. 연간보고서는 'News and Events'의 'Press Room'에서 검색하여 열람할 수 있다.

2) 보도자료(News and Events)

'WITNESS in the News' 및 'Press Room'에서는 각 방송사 및 신문사들의 보도자료 중 WITNESS에 관한 기사내용을 정리하여 제공하고 있다. 자세한 보도내용은 홈페이지에서 제공하는 양식을 통해 전자우편으로 받아볼 수 있다. 대표적인 보도자료의 목록은 다음과 같다.

- *Girls at U.N. Urge Global Action*
- *YouTube For Human Rights*
- *The Charlie Rose Show*
- *Documentary Shows Global Reach of CIA's Secret Detentions*
- *"Artists Support www.witness.org" U.S. premiere at First Annual Gala Dinner*

and Concert to Benefit WITNESS
- *Angelina Jolie and Peter Gabriel to Host Benefit Gala for WITNESS,*
- *"Artists Support www.witness.org" project launches at FIAC, Paris, France,*
- *Angelina Jolie Secures Public Commitments from Sierra Leone President*
- *Angelina Jolie and Gillian Caldwell in Sierra Leone*
- *WITNESS Awarded Skoll Foundation Grant*

3) 미디어기록(Media Archive)

인권관련 시청각(A-V) 도큐멘테이션을 수집하고 문서화하고 보존하여 WITNESS 파트너들의 활동을 지원한다.

4) 위트니스비디오(WITNESS Video)

WITNESS의 비디오는 다음과 같은 목적으로 사용되어 왔다.

① 민중교육 및 민중동원(mobilization) 증진
② 인권유린의 진술 확증
③ 뉴스보도에 관한 자원
④ 월드와이드웹(worldwide web)을 통한 인권지지 촉진
⑤ 법정에서의 증거
⑥ 인권남용에 대한 공식서면보고서의 보완
⑦ 미래의 인권남용에 대한 제지 역할

5) 관련 기구 및 기록관

다음과 같은 인권관련 기구 및 기록관이 링크되어 관련 정보원을 제공하고 있다.

- Amnesty International USA

  홈페이지: http://www.amnestyusa.org/about/archives.html

- Amnesty International Online Audiovisual Archive

  홈페이지: http://www.amnesty.org/resources/audiovisual

- Amnesty International Collection at World Images

  홈페이지: http://www.world‑images.org/amnesty/

- Open Society Archives

  홈페이지: http://www.osa.ceu.hu/

- 콜롬비아 대학교의 CHRDR(Center for Human Rights Documentation and Research)

- Milosevic Trial Public Archive

  홈페이지: http://hague.bard.edu/

- UNICEF Video

  홈페이지: http://www.unicef.org/videoaudio/video_catalogue.html

- CAVR(East Timor (Timor‑Leste) Commission for Reception, Truth and Reconciliation)

  홈페이지: http://www.easttimor‑reconciliation.org

- CAMS Timor‑Leste(Centro Audiovisual Max Stahl Timor‑Leste)

  홈페이지: http://www.shoalhaven.net.au/~mwsmith/aatlms.html#appendix%201

- MEA(Martin Ennals Award for Human Rights Defenders)

  홈페이지: http://www.martinennalsaward.org

- Human Rights Video Project

  홈페이지: http://www.humanrightsproject.org

- National Security Archive

  홈페이지: http://www.gwu.edu/~nsarchiv/

참고문헌

공공기관의운영에관한법률.

공공기록물관리에관한법률.

구자영. 1989. "국제기구자료의 활용을 조정하는 지적접근과 물리적 가용성". *창립 30주년 기념논문집*. 서울: 이화여자대학교 도서관학과, 3 - 37.

김상호. 1999. "한국기록보존사서 교육프로그램 개발에 관한 연구". *도서관학논집*. 28: 39 - 59.

김용원. 2001. "기록관리학의 발전을 위한 교육과정 연구". *한국기록관리학회지*. 1(1): 69 - 94.

김태수. 2002. "기록관리 전문교육과정 및 전문인력제도". *한국기록관리학회지*. 2(1): 7 - 39.

大平善梧・横川新(편저). 1978. *國際關係論*. 東京: 北樹出版.

박재영. 1998. *국제기구정치론*. 서울: 법문사.

사공철[등]. 1996. *문헌정보학용어사전*. 서울: 한국도서관협회.

사무관리규정.

안용교. 1966. *국제기구론*. 서울: 진명문화사.

최정태. 2006. *기록학개론*. 서울: 아세아문화사.

최정태 외. 2006. *기록관리학사전*. 서울: 한울아카데미.

최종기. 1991. *현대국제관계론*. 서울: 박영사.

한국국가기록원. http://www.archives.go.kr

한미경, 노영희. 2007. 기록관리학의 이해. 고양: 진리탐구.

홍현진, 노영희. 2006. 국제기구 지식정보원의 이해와 활용. 파주: 한국학술정보(주).

Bellardo, Lewis J. & Lady Bellardo. 1992. *A Glossary for Archivists, Manuscript Curators and Records Managers*. Chicago: SAA.

Fletcher, J. 1982. "International Comparative Statistics Produced by International Organizations", In *International Documents for the 80's: Their Role and Use*. ed. Theodore D. Dimitrov and Luciana Marulli - Koenig. Pleasantville, NY: UNIFO Publishers.

Hopkins, M. 1980. "Documentation of Intergovernmental Organizations: A Critical Survey of Supply and Demand Situations in the United Kingdom". *International social Science Journal.* 32: 371 – 372

ISO. 2001. *ISO 15489 – Information and Documentation: Records Management.* Geneva: ISO.

Plano, Jack C. and Robert E. Riggers. 1967. *Foreign World Order.* New York: Macmillan.

Schellenberg, T. R. 1956. *Modern Archives: Principles and Techniques.* Chicago: University of Chicago.

Society of American Archivists. 1989. *Archives, Personal Papers, and Manuscripts.* 2nd. Chicago: Society of American Archivists.

국문색인

영문색인

· 저자 ·

노영희
(魯榮姬)

·약 력·

연세대학교 문헌정보학과 정보학 박사
한국과학기술연구원(KIST) 자료실 연구원
한국정보공학(KIES) 정보검색엔진개발팀 팀장
이화여대 국제정보센터 자료실장
현 건국대학교 문헌정보학과 교수
　　교육인적자원부 대학도서관 정책자문위원
　　DLS 표준관리위원회 위원

·주요 저서 및 논문·

「개념기반 검색을 위한 시소러스 관계의 효과적 활용방안에 관한 연구」
「주제별 분산 지식베이스에 의한 개념기반 정보검색시스템의 성능향상에 관한 연구」
「A Study on Automatic Text Categorization of Internet Documents」
「A Study on the Estimation of Performance of Concept–Based Information Retrieval Model Using the Web」
「기계학습 기반 피드백 과정을 통한 SDI 시스템의 성능향상에 관한 연구」
「문헌정보학 교육과정의 특성화된 프로그램 개발 및 활용에 관한 연구」
『디지털콘텐츠의 이해』
『인문과학과 예술의 핵심 지식정보원』
『경제학의 핵심 지식정보원』
『한국문헌정보학 교과과정』
『개념기반 정보검색 기법』
『인터넷 정보검색과 학술정보자원의 활용』
『국제기구 지식정보원 시리즈』
『기록관리학의 이해』
외 다수

한미경
(韓美鏡)

·약 력·

대만 National Taiwan University(國立臺灣大學) 대학원 도서관학과 석사
중국 Wuhan University(武漢大學) 정보관리대학 박사과정수학
이화여자대학교 대학원 문헌정보학과 박사
Harvard-Yenching Institute Visiting Scholar
한국국가기록연구원 연구위원
현 국립중앙도서관 고전자료 해제위원
　　경기대, 건국대 문헌정보학과 강사

·주요 저서 및 논문·

「중국의 도시건설기록물 관리사업에 대한 고찰」
「譯科譜의 譯科人格者 再現에 대한 고찰」
「譯科類輯에 관한 연구」
「역과보(譯科譜)에 대한 서지적 연구」
「역과방목에 대한 서지적 연구」
「하버드옌칭도서관 소장 司馬榜目에 관한 고찰」
「『金泥石屑』千佛銅牌에 관한 연구」
「중국 근대출판물의 출현과 근대도서관의 발달과정」
「초기 한국성서와 중국성서의 서지학적 연구」
「北宋·高麗書籍交流之研究」
『기록관리학의 이해』
외 다수

기록·기록관리 지식정보원 시리즈①

기록관련 국제기구

지식정보원

- 초판 인쇄   2008년 4월 21일
- 초판 발행   2008년 4월 21일

- 지 은 이   노영희, 한미경
- 펴 낸 이   채종준
- 펴 낸 곳   한국학술정보㈜
  경기도 파주시 교하읍 문발리 513-5
  파주출판문화정보산업단지
  전화   031) 908-3181(대표)·팩스   031) 908-3189
  홈페이지   http://www.kstudy.com
  e-mail(출판사업부)   publish@kstudy.com
- 등   록   제일산-115호(2000. 6. 19)
- 가   격   28,000원

ISBN   978-89-534-8590- -   (Paper Book)
       978-89-534-8591-4 98020 (e-Book)